La P
Program
Neuro-Ling

Gérard Douat

La PNL
Programmation
Neuro-Linguistique

DE VECCHI POCHE
52, rue Montmartre
75002 PARIS

Du même auteur aux éditions De Vecchi
Manuel de graphologie appliquée, 1995
Comment étudier pour réussir examens et concours, 1996

En manière de prologue

La matière de ce livre est destinée d'abord aux personnes qui ont conscience de leurs difficultés à communiquer avec les autres et sont à la recherche de moyens ou de méthodes censés y remédier.

Viennent ensuite les personnes dont le cœur est si large qu'elles veulent panser les blessures morales du voisin, guérir leurs dérangements mentaux, sans parler de cette étrange phalange d'individus dont le rêve consiste à vouloir acquérir des pouvoirs hors du commun leur permettant d'agir de façon magique sur tout un chacun pour chasser leurs maladies ou les endormir. Il est en effet une branche de la PNL qui donne volontiers dans l'hypnose.

Pour réaliser ce programme ambitieux, les créateurs de la Programmation Neuro-Linguistique, dite PNL, ont eu l'idée d'étudier l'extérieur de personnes particulièrement douées dans un domaine, tels que la négociation, la communication, l'apprentissage des langues, la pratique des sports, afin de découvrir les motifs de leur réussite.

John Grinder et Richard Bandler, deux pionniers de la PNL, ont également eu l'idée d'observer les personnes qui ont pu se dégager de situations difficiles afin de déceler les moyens efficaces de se débarrasser de comportements indésirables, comme la boulimie, ou de sentiments néfastes, tels que la jalousie, l'anxiété et le manque de confiance en soi. « La PNL est une modélisation de l'excellence », a dit John Grinder. « La PNL est une éducation du cerveau », déclara Richard Bandler.

Il est aisé de voir que si ces créateurs pratiquaient le message helléno-chrétien, ils s'en seraient tenus à celui-ci puisqu'il contient les solutions aux questions évoquées pour peu que l'on ait le désir de les appliquer.

Il suffit de s'en rapporter aux déclarations d'une animatrice de PNL à propos de Lilith – seconde femme d'Adam d'après une légende talmudique et démon de la Kabbale – pour comprendre l'étendue de la distance prise à l'égard de la philosophie occidentale. Par ailleurs, les promoteurs de la PNL ne se cachent pas de dire adieu à Aristote dont on sait qu'il imprégna les œuvres de saint Thomas d'Aquin, l'un des créateurs de la doctrine chrétienne.

Comme il n'y a pas de technique sans terminologie appropriée, la PNL n'échappe pas à la règle, mais nous nous sommes efforcés de simplifier ou de clarifier le vocabulaire chaque fois que cela a été possible puisque certaines traductions, très littérales, prêtent à ambiguïté. En fin d'ouvrage, un lexique des termes utilisés en PNL permettra au lecteur de trouver le sens d'un mot ou d'un concept.

Il est bien entendu que cet ouvrage n'a pas pour but d'enrichir le savoir-faire d'un praticien expérimenté mais simplement d'aiguiser la curiosité d'un débutant et de faciliter ses progrès.

Les professionnels de la relation d'aide, les enseignants, les gens du commerce trouveront ici et là des moyens d'améliorer encore leur efficacité.

La lecture de notre bibliographie les aidera à choisir d'autres ouvrages s'ils veulent élargir leur savoir, mais sans perdre de vue l'impérieuse nécessité de participer à des stages.

PREMIÈRE PARTIE

QU'EST-CE QUE
LA PNL ?

De quoi s'agit-il ?

Il fut peut-être un temps où le fait d'aborder son prochain ne posait aucun problème. Il faut croire que cette époque est révolue depuis longtemps puisque les hommes cherchent des recettes pour que leurs rapports soient plus « lubrifiés », plus confiants et plus simples. Mais chacun attend que le voisin commence. Il est certain que si nous abolissions tout orgueil, tourmentés à la seule idée que nous risquons à chaque instant d'être méconnus ou incompris, voire pas assez craints, tout serait plus facile. L'expérience nous montre que nous n'y parvenons que rarement. Nous avons tous des souvenirs plus ou moins pénibles à ce sujet. Nous nous en voulons de n'avoir pas su nous faire comprendre ou apprécier, et nous oublions que chacun d'entre nous est passé à côté des êtres en ignorant tout d'eux-mêmes et en ne cherchant même pas à en savoir davantage.

La vie sociale nous offre de nombreux exemples de ce genre de difficultés. Pour être compris des enfants, les maîtres appliquent des méthodes éprouvées, ce qui n'empêche pas les déconvenues. Ils savent bien que ni la clarté de l'exposé, ni les répétitions acharnées ne suffisent à graver dans les cerveaux ce que l'on veut y déposer. Lorsqu'un médecin indique avec simplicité et précision la manière d'absorber un médicament, il n'est pas dispensé pour autant d'avoir à répéter les mêmes prescriptions sous une autre forme, à la suite d'un appel téléphonique du patient. Les rédacteurs d'imprimés administratifs savent bien que, même si les questions sont élémentaires et mises à la portée du plus borné des individus, il est connu qu'un certain nombre de réponses passeront sensiblement à côté de ce qui est demandé.

Quant aux dialogues des ménages, autant dire tout de suite qu'ils sont bien souvent entachés d'incompréhension mutuelle.

Ainsi donc, les rapports entre individus seraient-ils irrémédiablement voués à l'incompréhension ? Existe-t-il une sorte de malédiction sur la nature humaine qui conduit chacun de ses représentants à un isolement plus ou moins marqué ?

▨ Langage et communication

Les tentatives pour y remédier n'ont pas manqué. Les idéalistes ont rêvé d'une langue universelle pour aider à franchir l'obstacle du langage. Il fallait une bonne dose de candeur pour y croire puisque cet espoir était fondé sur une erreur : ce n'est pas la diversité des langues – conforme à la nature des choses – qui a créé l'incompréhension ou l'inimitié. D'ailleurs, si nous parlions tous la même langue – à supposer que cela soit possible sur le plan mondial –, comme par exemple, le latin, les sujets de divergence ou d'hostilité ne disparaîtraient pas pour autant.

En tout cas, il est bien certain que nous sommes destinés à vivre en commun et donc à nous livrer à des échanges de toutes sortes. Nous avons tous besoin les uns des autres. Un homme seul est vite condamné à la mort. Même les sourds-muets sont obligés de communiquer entre eux. Et, comme l'homme est le mammifère le plus évolué, il ne saurait se contenter de gestes ou de mimiques pour s'exprimer. Les oiseaux eux-mêmes ont une façon de se faire comprendre et, sans doute, tous les animaux de la création. C'est la spécificité et la grandeur de l'homme que d'avoir un langage articulé dans lequel il peut introduire toute l'expression de sentiments profonds aussi bien que les nuances les plus subtiles de la pensée.

Comment se fait-il donc qu'avec un outil aussi merveilleux et aussi perfectionné, nous soyons tous aussi mal compris et que nous fassions souffrir tant de personnes à notre tour ? Est-ce un manque d'intelligence ou d'amour de notre part ? Est-ce une insuffisance intellectuelle ou une absence d'intérêt ? N'est-ce parfois que de la distraction ou de l'indifférence ?

Il arrive à chacun de nous de poser ce genre de questions tant sont étranges les réactions de nos interlocuteurs. Éliminons d'emblée l'hypothèse de l'insuffisance auditive. Si un enfant entend mal ou si une personne d'âge certain est atteinte d'une dégénérescence du nerf auditif, il n'est pas étonnant que les réponses tombent de travers. Mais l'expérience nous apprend que l'obligation de répéter une question vient beaucoup plus souvent d'une inattention que de la surdité.

Les insuffisances de l'esprit ou les défaillances des sens sont des obstacles à la communication. Il est donc permis de penser qu'en les atténuant ou en les supprimant, les rapports humains seraient facilités. La concentration mentale et l'ouïe ne sont donc pas seules en cause. D'ailleurs, la qualité des relations sociales n'est pas limitée à des échanges clairs. Il ne suffit pas d'avoir bien compris la directive d'un supérieur hiérarchique pour saisir la motivation qui l'inspire et encore moins le comportement du personnage. Si un comédien comprend ce qu'il dit, c'est déjà très bien, mais ce n'est pas suffisant pour le bien dire. En d'autres termes, il ne faut pas compter que sur l'intellect pour améliorer nos relations avec autrui.

Si d'aventure les humains parvenaient à s'exprimer avec une précision parfaite et une concision irréprochable, on risquerait fort d'aboutir à une notion de rentabilité et d'efficacité par la parole qui pourrait conduire à un résultat exécrable.

Il apparaît donc que la compréhension mutuelle fait appel à tout notre être par l'intermédiaire de nos sens et pas seulement à la qualité de l'audition.

Pour les chercheurs qui sont à l'origine de la PNL, il s'agit de mieux comprendre les réalités psychologiques observables dans le comportement. Ce n'est pas une investigation causale. La PNL n'a pas pour objet de rechercher pourquoi telle personne parle ou agit de telle façon, mais plutôt comment elle agit ou réagit devant une circonstance.

Pourquoi donc les créateurs de la PNL ont-ils donné plus de prix au « comment » qu'au « pourquoi » ? Il y a au moins deux raisons. La première est fort simple. Ces messieurs étant américains, ils n'ont de goût que pour des résultats tangibles et aucune inclination pour la recherche spéculative. Sans doute ont-ils estimé qu'il était vain de se demander pourquoi tel personnage avait tel comportement.

L'expérience quotidienne prouve en effet que même les psychologues de grandes entreprises n'ont que faire des causes de tel travers de la personnalité. Ils ne s'intéressent qu'à la conduite à l'égard des supérieurs, des subalternes et des collègues de même niveau. Nous agissons tous sensiblement de même façon. De temps en temps, il nous arrive d'excuser des comportements en raison des antécédents familiaux ou des circonstances vécues par l'intéressé. Parfois, nous cherchons à comprendre et parfois, au contraire, nous accusons l'éducation reçue de n'avoir pas su préparer une personnalité assez sociable.

La seconde raison concerne plus particulièrement les sens. Ils sont à l'origine de la connaissance que nous avons du monde extérieur. On peut reconnaître quelqu'un à son parfum. Nous pouvons percevoir un souci d'élégance par le simple examen des vêtements. Si nous sommes dans l'obscurité, le simple toucher des objets nous fait deviner où nous sommes. C'est ce que l'on désigne sous le nom de « gnosie ». Tout le monde n'a pas la même poignée de main.

Écoutez Montherlant dans *Les Célibataires* :

« Je lui pris la main et la serrai, avec la raideur qu'on met dans ce geste quand on veut montrer que c'est une poignée de main pleine d'intentions, qui n'a rien de commun avec les poignées de mains banales. »

Quant à l'expression des regards, tout a été dit sur elle. Tous les écrivains ont évoqué ce mode de perception. Le grand connaisseur de la question qu'était Racine n'a pas manqué d'en parler :

« D'un regard enchanteur, connaît-il le poison ? »

ou bien Victor Hugo dans *Ruy Blas* :

« Quand la bouche dit oui, le regard dit peut-être. »

On pourrait d'ailleurs dire le contraire. Rien n'est plus révélateur que le regard. Il peut être ingénu, effronté, provocant, sévère, inquisiteur, malicieux, doux, que sais-je encore !

▪ Apprendre à observer

Ainsi donc, il est possible d'observer notre prochain en toute occasion grâce à tous les outils que Dieu nous a donnés, étant entendu que l'investigation pure pour le seul intérêt de la chose n'est pas l'objet majeur de la PNL. Celle-ci peut être utilisée dans un dessein altruiste ou simplement d'aide passagère. Il suffit parfois de quelques paroles roboratives pour éviter à quelqu'un de sombrer dans la détresse, d'une feinte ignorance pour n'accabler personne. Une main posée sur une autre peut être un baume. Comme le dit un jour saint Vincent de Paul : « ... fermer les yeux et ouvrir les bras... ».

Mais la PNL a d'autres ambitions. Ses pratiques peuvent être précieuses pour les gens qui enseignent une matière quelconque, puisque la pédagogie n'est pas un simple ensemble de règles pour transmettre des connaissances.

Quant à l'efficacité de la PNL, pour convaincre quelqu'un de l'excellence d'un service ou d'un produit, elle n'est plus à prouver.

Nous ne manquerons pas de revenir sur tous ces points car il est du plus haut intérêt de se demander comment les pratiques du prosélytisme religieux ou celles de la propagande politique ont pu réussir et dans quelle mesure elles présentent des similitudes avec les méthodes de la PNL.

Nous voyons donc que le but principal de cette programmation est de s'ingénier à ce qu'une relation entre une ou plusieurs personnes soit empreinte de compréhension, mais aussi qu'un but prévu soit atteint.

Mais cet objet n'est pas encore suffisant. L'adepte de la PNL doit pouvoir tirer profit de la pratique des modèles. Il est évident que notre perfectionnement intérieur est une des conditions pour améliorer nos rapports avec les autres. La crainte du jugement d'autrui, le scepticisme constant envers tout enseignement, le mépris ou l'indifférence pour tout ce qui paraît concerner le voisin, sont les plus déplorables états d'esprit pour parvenir à l'objet des pratiques de la PNL. Celle-ci est donc un ensemble de pratiques destinées à favoriser et à améliorer la communication entre les humains.

Le mot communiquer vient du latin *communicare* ; il signifie : être en relation avec. Le sens dépasse donc la simple volonté de faire connaître quelque chose à quelqu'un. Communiquer, c'est faire savoir, transmettre, mais aussi expliquer, confier, livrer, révéler et même correspondre et s'entendre.

Le mot contient une idée d'harmonie. Il s'agit donc de parvenir à une sorte d'union de pensée et de cœur. Mais peut-on atteindre ce but malgré les divergences d'idées et de caractère ? Les familles de pensées très éloignées les unes des autres peuvent-elles avoir une telle ambition ? Ou bien ne s'agit-il que d'un but plus modeste et plus terre à terre tel que le fait d'éviter des dissensions, des mésententes ou même des ruptures sournoises ou déclarées ?

Après cet exposé préliminaire, il nous faut donner une définition à la PNL : on ne peut parler avec pertinence de quoi que ce soit sans savoir exactement de quoi il s'agit.

Définition

La PNL est une technique de communication et de transformation de soi pouvant s'appliquer à toute formation générale ou professionnelle ou à toute amélioration des comportements.

Elle porte sur trois grands points d'application :
– améliorer nos propres perceptions et donc acquérir une plus grande lucidité sur nous-mêmes ;
– réaliser nos aspirations sans altérer notre personnalité ;
– bannir tout artifice ou aliénation de notre moi.
Mais encore ?

Les créateurs de la PNL considèrent que toute action de formation ou de thérapie sur la conduite a pour première condition l'établissement d'un contact réel avec le partenaire ou l'interlocuteur. Cette condition implique l'usage du même langage ainsi que l'observation et même l'adoption des mêmes manifestations gestuelles et posturales. Le praticien s'efforce de pénétrer dans le cœur et l'esprit de l'interlocuteur et recherche quelles perceptions sensorielles priment chez lui.

Il est certain, en effet, que tout individu a un ou deux sens prédominants. Qui n'a remarqué que l'on peut être plus attiré par les couleurs que par les sons ? Et chacun sait que nous avons tous ou plutôt une mémoire visuelle ou plutôt auditive. Ce type de constatations n'est d'ailleurs pas assez utilisé lors des orientations professionnelles ou des investigations de la personnalité.

Mais on peut être plutôt kinesthésique – selon la terminologie liée à la PNL – c'est-à-dire plutôt sensible aux sensations dermiques, olfactives ou gustatives, sans oublier la sensibilité à la douleur.

Les techniques de la PNL ne se limitent pas là encore. Ses créateurs ont voulu lui donner un rôle thérapeutique, non certes pour combattre une maladie, mais pour soigner une conduite, améliorer les rapports avec les autres.

C'est ainsi que les mouvements des yeux, les mimiques, les attitudes, le rythme respiratoire, entrent en ligne de compte d'abord pour l'observation, et ensuite pour la guérison des comportements négatifs.

« Je n'aime pas beaucoup son regard qui va partout, saute d'un coin à l'autre de la pièce avec une agilité surprenante, et revient se planter droit dans mes yeux », disait Bernanos dans son *Journal d'un curé de campagne.*

Nos goûts pour certaines couleurs ne sont pas moins révélateurs. Écoutez ce qu'écrit Baudelaire dans *Les Fleurs du mal* :

Les retentissantes couleurs
Dont tu parsèmes tes toilettes
Jetant dans l'esprit des poètes
L'image d'un ballet de fleurs.

Quant aux sons, chacun en connaît la puissance. Pour peu que l'oreille soit éduquée, ils peuvent provoquer de grandes émotions, voire de l'extase, s'ils sont harmonieux. Les êtres sensibles aux sons ont un caractère certainement différent de ceux qui recherchent les couleurs. Cette disposition intéresse beaucoup le praticien de la PNL, de même que l'influence de la voix de chacun sur les autres. Le souvenir qu'elle imprime en nous-mêmes est ineffaçable. Avec les parfums ou les odeurs, le son de la voix laisse des traces indélébiles lorsque nos êtres chers ont disparu.

Mon oreille avide d'entendre
Les notes d'or de sa voix tendre.

disait Verlaine.

Quant à Maeterlinck, voici ce qu'il exprime dans *Pelléas et Mélisande* :

« Ta voix ! ta voix… elle est plus fraîche et plus franche que l'eau !… on dirait de l'eau pure sur mes lèvres !… on dirait de l'eau pure sur mes mains… »

La PNL a donc dégagé trois systèmes de représentation sensorielle : le visuel, l'auditif et le kinesthésique, étant entendu que nos partenaires ou nos interlocuteurs n'ont pas les mêmes dominantes que nous.

Il s'agit donc de les déceler à partir des indications du comportement. Mais la difficulté consiste à les découvrir malgré la diversité des circonstances au travers desquelles ils s'exercent. Le fait d'avoir une dominante auditive n'interdit pas les attitudes qui font apparaître un élan tactile ! Remarquons, à ce propos, que le plaisir du toucher et la sensibilité olfactive sont assez féminins.

La première approche du thérapeute consiste donc à observer les signaux corporels perceptibles du patient afin de saisir sa personnalité, mais en allant bien au-delà de ses manifestations conscientes. Les spécialistes américains de la PNL considèrent que la communication du praticien avec l'inconscient du patient est indispensable. Pour y parvenir, il s'agit de créer un état de réceptivité, de bien-être et presque d'abandon pour que l'intéressé lève les inhibitions de sa conscience.

Autrement dit, il semble que pour les praticiens, le psychisme soit présent dans la matière humaine, nous voulons dire le corps humain, ce qui risque de créer une confusion entre le physiologique et le psychologique.

Nous ne pouvons donc pas avancer plus avant sans préciser l'essentiel de ce qu'il faut comprendre sur l'inconscient.

▦ L'inconscient

Comme le dirait M. de La Palice, l'inconscient est ce qui échappe à la conscience, même si le sujet cherche à le percevoir et à y appliquer son attention. Cette définition est celle des dictionnaires, mais nous avons de bons auteurs qui nous éclairent davantage, à commencer par Pierre Janet (1859-1947) : « L'activité humaine se présente quelquefois sous des formes anormales, mouvements incohérents et convulsifs, actes inconscients ignorés par celui-là même qui les accomplit, désirs impulsifs contraires à la volonté et auxquels le sujet ne peut résister. »

Mais Marcel Aymé, avec son humour sarcastique, émet une opinion très tranchée :

« Ces profondeurs viscérales de l'être humain, ces infrastructures du spirituel, ces caves infernales du rêve et de l'inconscient que nos scaphandriers de la littérature se flattent d'explorer en long et en large, vous savez très bien qu'elles sont inaccessibles et qu'il est impossible d'établir un rapport certain entre ce qui s'y passe et ce que nous pensons et faisons. » *(Le Confort intellectuel)*

De nos jours, plus personne ne songe à nier la réalité de l'inconscient, même si Freud en a tiré des conséquences que la science médicale la plus moderne récuse et infirme, notamment sur l'interprétation des rêves. Ce qui est indiscutable et ce dont nous avons tous fait l'expérience, c'est que nous pouvons ignorer le motif réel de certains de nos actes.

Pour accéder aux ressources inconscientes, les méthodes de la PNL se proposent d'utiliser au moins trois procédés :

– une espèce d'hypnose ou plutôt d'état de transe passager ;

– l'association d'un signe verbal ou corporel – dénommé ancrage – à la conduite ou à l'état du sujet en vue de leur modification. Il s'agit de « désancrer » la fixité des idées et la rigidité des sentiments ;

– le « recadrage » qui consiste à encourager le sujet à adopter des choix positifs après avoir clarifié ses desseins.

L'ensemble des techniques de la PNL consiste donc à laisser faire l'inconscient comme si l'on voulait l'exhumer et le sortir de son trou noir afin d'encourager les intéressés à découvrir en eux les ressources pour mieux atteindre leurs buts. C'est une action sur toute image ou tout signe par lesquels nous nous représentons l'idée d'une chose à l'aide des sens ou de la mémoire. Cette action peut aussi bien porter sur les comportements acquis et c'est pourquoi la PNL parle de « programmation ».

Freud et la psychanalyse

Nous verrons que c'est au cours de séances de groupe ou par relations individuelles que l'amélioration peut être obtenue, c'est-à-dire dans les divers aspects de la vie sociale. Mais nous n'en avons pas terminé avec l'inconscient. Le public de notre époque lui donne l'importance que Freud a déclenchée. Très féru d'hypnose après son séjour à La Salpêtrière et à Nancy, il estimait que les vrais motifs de nos actes ne nous sont pas connus bien qu'ils puissent nous être révélés. Pour Freud, les symptômes névrotiques ont un lien avec des événements enfouis en nous-mêmes et il suffit de les faire resurgir pour que les symptômes disparaissent. Le fait de faire réapparaître les souvenirs étant considéré comme une purification de l'esprit, Freud et son confrère Breuer dénommèrent « méthode cathartique » cet ensemble d'opérations où ils voyaient une méthode thérapeutique et un moyen de guérison. Mais n'oublions pas que nous sommes en 1892 ! Il est heureux que la science médicale ait progressé. Si les psychiatres n'avaient que des aveux à leur disposition pour amoindrir les maux des névrosés, ces derniers seraient bien à plaindre. Même Pierre Janet, le grand psychologue contemporain de Freud, n'a jamais accepté qu'il y eût une relation fatale entre les symptômes et l'inconscience de certaines idées.

C'est à la libre association des idées que Freud fit appel pour faciliter le rappel des souvenirs après s'être servi de l'hypnose. Mais il découvrit rapidement au cours des visites de malades le phénomène qu'il désigna sous le nom de « refoulement » : la mise à jour de certains souvenirs pénibles ou humiliants est bloquée par un mécanisme de défense.

Freud s'évertua donc à vouloir supprimer cette résistance et c'est la combinaison entre la libre association et la lutte contre cette résistance qu'il transformera en méthode thérapeutique, la psychanalyse.

Pour Freud, l'origine des névroses se situe dans le souvenir d'un événement particulier que la conscience veut étouffer. Ce sont les exigences de notre psychisme qui s'opposent à cette montée dans la conscience et qui provoquent leur refoulement dans l'inconscient. Les obsessions et les phobies sont, pour Freud, des incursions partielles de l'inconscient dans le conscient.

En dépit de la vogue que ce genre d'affirmations suscite encore dans le public, nous invitons le lecteur à un surcroît de circonspection. La médecine actuelle a fait des pas énormes depuis Freud, et un praticien de Lyon, le docteur M. Jouvet, ayant étudié le sommeil humain depuis trente ans – avec l'aide des électro-encéphalogrammes que Freud ignorait – sait à quoi s'en tenir au sujet des théories freudiennes sur les rêves. Ne perdons jamais de vue que Freud ne savait rien – et pour cause – de l'endocrinologie et donc de notre système hormonal, ni des médiateurs chimiques présents dans le cerveau. Comment pourrait-on méconnaître l'influence des facteurs chimiques sur l'humeur et le comportement ? Et de quel droit affirmer sentencieusement que les névroses naissent du désir conscient d'étouffer un souvenir pénible ? Mais nous avons tout de même tenu à évoquer quelques points essentiels de la doctrine freudienne pour mieux comprendre les découvertes de la psychologie actuelle. Rappelons une fois encore, pour un souci de clarté, que Freud tient l'activité inconsciente pour très puissante. Il identifie inconscience et refoulement. Le psychanalyste anglais E. Jones renchérit en écrivant : « L'inconscient représente la région de l'esprit dont les éléments se trouvent en état de refoulement. »

Freud a encore des adeptes et des disciples mais un certain nombre d'entre eux, et non des moindres, comme Adler et Jung, s'éloignèrent vite de lui.

La théorie d'Adler

Un praticien de la PNL ne peut ignorer les théories fort intéressantes d'Adler. Pour lui, la détermination du psychisme inconscient vient de la volonté de puissance et du sentiment d'infériorité. Cette disposition de caractère a – selon lui – pour origine une infériorité organique constitutionnelle. Il s'agirait donc d'un phénomène de compensation.

Pour Adler, le fait de naître avec des organes déficients et une infériorité organique constitutionnelle provoque chez le sujet des processus inconscients destinés à compenser l'infériorité en question. Dès qu'elle existe, la volonté de puissance apparaît. Mais on aurait aimé tout de même avoir quelques précisions sur ce qu'Adler désignait sous le nom d'« infériorité organique ».

S'il est vrai que les hommes petits peuvent rechercher l'acquisition de la force musculaire ou un pouvoir quelconque (ainsi, Napoléon), il est difficile d'admettre qu'une insuffisance cardiaque ou rénale déclenche automatiquement un appétit de puissance.

Adler (1870-1937) – contemporain lui aussi de Freud – mérite néanmoins d'être connu car il y a une part de vrai dans ce qu'il affirme. Lui-même était malingre...

Parlons maintenant d'un autre dissident des théories freudiennes, Carl Gustav Jung.

Jung et les types psychologiques

La typologie qu'il a créée nous sera utile pour mieux comprendre les comportements que nous étudierons bientôt. Jung distingue deux grands types de personnages : l'introverti et l'extraverti. Le premier paraît discret ou même secret. Il passe inaperçu. Il est prudent et mesure ses paroles. Sa vie intérieure est intense et il a la pudeur des sentiments. Il manque d'élan vers autrui et se tient sur la défensive. L'extraverti se confie plus facilement. Il a des manières plus sociables et s'adapte à la diversité des caractères.

Bien entendu, les attitudes que nous adoptons sont très dépendantes du milieu dans lequel nous sommes. C'est pourquoi il faut utiliser cette typologie – comme toute autre – avec prudence et ne pas se complaire dans des schémas rigides. Un introverti peut exploser de temps en temps et un extraverti se réfugier dans un mutisme provisoire.

Tout ce que nous avons écrit sur l'inconscient n'est qu'un rappel simple de ce qu'il convient d'en connaître pour la suite de nos réflexions sur la PNL ; nous consacrerons un chapitre entier à la présentation d'autres typologies.

Mais dans notre souci de clarté, il nous est apparu que le terme de « programmation neurolinguistique » (PNL) pouvait créer une confusion avec ce que l'on nomme la neurolinguistique, aussi est-il important de définir celle-ci.

■ La neurolinguistique

C'est une branche de la psycholinguistique qui s'intéresse plus particulièrement aux troubles du langage. On voit donc bien tout de suite que la paronymie des termes avec la PNL n'entraîne pas du tout la similitude de l'objet. La PNL est un outil de communication, voire une thérapie. La neurolinguistique étudie la relation établie entre le cerveau et le langage et ses incidences pathologiques.

Nous n'aurons pas à étudier ces problèmes. Ils relèvent du domaine des neuropsychiatres ou de celui des neurophysiologistes.

Bornons-nous à rappeler que l'acquisition du langage joue un rôle décisif dans l'organisation des fonctions perceptrices et motrices. Qui n'a remarqué la présence simultanée, chez les débiles mentaux, d'un ensemble de gestes et d'attitudes incohérentes et de troubles de l'expression verbale ? Quant aux lapsus qui seraient, selon Freud, causés par une manifestation de l'inconscient, nous nous contenterons de les mentionner, de même que les oublis. Pour lui, nos inhibitions inconscientes peuvent en être souvent la cause.

Fidèle à notre souci de définir tous les termes classiques dont nous ferons usage pour comprendre et expliquer la PNL, ainsi que les mots nouveaux traduits de l'américain, nous ne pouvons avancer davantage sans préciser les termes de perception et de sensation.

▓ La perception

Percevoir, c'est recevoir les impressions des objets, la sensation qu'ils causent et en concevoir l'idée. La perception est l'acte psychologique qui nous fait reconnaître la sensation. Le sentiment est la sensation perçue comme causant du bien-être ou du malaise.

Mais il s'agit là d'une définition philosophique. Celle des physiologistes est plus parlante. La perception est un mécanisme par lequel notre organisme perçoit les informations d'origine externe et interne. Ces informations sont reçues au niveau de récepteurs spécialisés – toucher, vue, audition, olfaction – et transmises au niveau des centres supérieurs pour aboutir au cortex cérébral – c'est-à-dire la couche superficielle du cerveau – où nous en prenons conscience en un temps beaucoup plus court que nous n'avons mis à en parler !

La science moderne a beaucoup enrichi le concept de perception grâce à la méthode expérimentale.

Pour les adeptes de la théorie de la forme – dénommée en allemand *Gestalttheorie* –, la perception est globale. L'espace extérieur est structuré. Soit six taches blanches sur fond noir : on ne perçoit pas six taches blanches séparées, mais deux groupes de trois taches, comme si chacun d'eux était un ensemble uni.

En outre, des travaux récents sur la perception des couleurs et les illusions visuelles ont prouvé l'existence d'une infrastructure instinctive modifiée par notre personnalité et les données socioculturelles.

C'est pourquoi les praticiens de la PNL enseignent que nous n'agissons pas sur le monde extérieur mais sur l'idée que nous nous faisons de lui.

La terminologie de la PNL nous dit que notre action part de la « carte personnelle de la réalité » et non du territoire qu'elle représente. Il en résulte de nombreuses difficultés dans la communication humaine puisque chacun possède sa propre carte. Nos efforts consistent donc à comprendre la façon dont nos semblables utilisent leur propre carte. En somme, nous percevons inconsciemment des quantités d'informations à chaque instant, mais ne prenons conscience que d'une seule donnée sensorielle à la fois.

L'important est d'avoir toujours présent à l'esprit que nous avons un sens qui prévaut en nous. Nos interlocuteurs n'ont pas forcément le même. Il importe de le découvrir. Les messages que nous émettons ou recevons ne sont pas seulement verbaux et la plupart de nos attitudes sont conditionnées par ce que la PNL dénomme le « système de représentations sensorielles ». Cette expression est une traduction de l'américain *representational system* ou *repsystem*. Ce système correspond aux prédicats, c'est-à-dire aux mots qui désignent l'objet dont on parle. Lors d'un entretien d'embauche, un candidat dira du recruteur qu'il avait une eau de toilette puissante – c'est l'olfactif – et un autre que sa cravate était voyante – c'est le visuel –, un troisième que sa voix était douce et distinguée – c'est l'auditif. Cependant, nos cinq sens sont toujours en éveil, du moins pendant l'état de vigilance. Même si nous avons une dominante sensorielle à audition, il est possible d'éprouver, en même temps, des sensations olfactives.

Il est d'observation courante que nous aimons réunir simultanément des sensations agréables. Pour certaines personnes, le fait d'écouter une musique agréable dans une atmosphère feutrée, au milieu de tapis et de tentures et d'exhalaisons de brûle-parfum pendant l'absorption d'un champagne léger et frais, c'est le comble du bonheur.

Il faut donc vous dire quelques mots sur la sensation. Comment oserait-on parler des représentations sensorielles, qui sont une des pierres angulaires de la PNL, sans préciser d'abord ce dont il s'agit ?

■ La sensation

Pour Condillac (1715-1780) – grand ami de Jean-Jacques Rousseau –, la sensation est à la source de toutes nos connaissances. Nous ne discuterons pas le bien-fondé de cette affirmation puisque là n'est pas notre sujet. Que le lecteur veuille bien accepter cette affirmation avec grande prudence, sinon scepticisme.

La sensation, c'est l'impression que la conscience reçoit des objets par les sens ou bien les phénomènes psychiques provoqués par l'action d'un ou de plusieurs excitants sur un récepteur sensoriel.

Les sensations sont internes, par exemple celles de la faim ou de la fatigue. Elles peuvent être kinesthésiques ou motrices, c'est-à-dire qu'elles nous renseignent sur les mouvements des membres.

Mais elles sont aussi, à chaque instant, externes : nous éprouvons des sensations tactiles ou thermiques dues aux différentes températures et, bien entendu, des sensations olfactives, auditives et visuelles. Elles nous apparaissent sous l'aspect qualitatif et quantitatif selon l'intensité de l'excitation, la distance entre l'excitant, la personne et la nature même de cet excitant.

Ces phénomènes sont régis par des lois mathématiques qu'il est inutile de mentionner ici.

Toutes nos perceptions sont enregistrées par le cerveau qui dicte nos comportements. Mais à notre tour, nous examinons plusieurs facteurs dès que nous sommes en présence d'une personne, selon les méthodes de la PNL :

1. L'attitude extérieure *(external behavior)* est l'un des éléments de l'expérience subjective. Le comportement externe est un des points essentiels de la modélisation *(modeling)*, c'est-à-dire le procédé qui permet de savoir coder, reproduire ou retransmettre l'expertise humaine en une représentation formalisée. Il existe trois grandes catégories de modélisation en PNL :

a) l'isomorphique, qui consiste à reproduire point par point le comportement. C'est un processus par lequel l'individu assimile un aspect, une propriété de l'autre et se transforme sur le modèle de celui-ci ;

b) la modélisation théorique *(theoretic modeling)*. Elle définit ce qui est nécessaire ou essentiel à la réalisation d'un savoir-faire ou d'un savoir-être ;

c) la modélisation générative (*generative modeling*). C'est la mise à jour formalisée des stratégies, des croyances et comportements de l'expert, afin de séparer ceux qui sont essentiels à son savoir-faire, de ceux qui lui sont personnels.

2. L'état interne *(internal state)* est la réponse physiologique et donc émotionnelle en réaction à un stimulus interne ou externe. En d'autres termes, c'est l'état de conscience de la personne au cours de l'expérience. Cet état interne nous est connu par les réponses de l'intéressé à une question simple telle que : « Que ressentez-vous ? »

3. Les processus internes (*internal computation*). Il s'agit ici des éléments de l'expérience subjective – ou personnelle – par lesquels la personne interprète ses propres perceptions. C'est en somme l'étape qui suit la précédente. Après avoir répondu à : « Qu'éprouvez-vous ? », l'intéressé se demande maintenant comment il réagit après cette première constatation.

La PNL désigne ces options sous le terme de « critères », c'est-à-dire les motivations qui président antérieurement à une décision. Notons en passant que ce genre de questions et de réponses sont particulièrement précieuses en matière de marketing.

4. Enfin, ce que la PNL désigne sous le nom de croyance *(belief)*. Il s'agit ici moins de dévotions ou même de convictions personnelles que d'un ensemble de préjugés sur le monde et les autres. Ces croyances ne sont pas l'aboutissement d'un raisonnement ni le résultat de constatations de type expérimental.

Au cours d'une expérience de PNL, nous parvenons à découvrir les croyances d'une personne en cherchant le lien sous-jacent aux réponses des quatre éléments précédents.

Les principes de la PNL

La plupart des manuels consacrés à cette méthode parlent de « présupposés ». Ce mot étant un néologisme qui n'apporte rien de plus pour la compréhension de ce qui va suivre, nous nous en tiendrons au terme de principe qui, au moins, peut être compris de tout le monde.

Qu'est-ce donc qu'un principe ? C'est une proposition première qui préside au déroulement d'un système. Un principe est une convention qui garde toujours quelque chose d'hypothétique. Un principe n'est pas une loi scientifique.

Les principes de la PNL peuvent être plus ou moins nombreux selon les auteurs, et ont tous pour origine l'idée essentielle selon laquelle les êtres humains étant des animaux sociaux, ils ne peuvent s'empêcher de communiquer entre eux.

▩ Premier principe : notre conscience ne nous livre pas toute la réalité

Chacun peut remarquer que notre cerveau ne nous permet pas de saisir d'emblée toutes les réalités. La première raison réside dans les limitations de nos sens : nous ne voyons pas les bactéries ni les aoûtats, nous ne percevons pas les ultrasons, nous ne comprenons que très peu de langues ou peut-être même aucune autre que la nôtre. Notre milieu, notre éducation, nos idées – elles-mêmes créées ou façonnées par les circonstances traversées – nous font tout considérer à travers un prisme.

En d'autres termes, chacun de nous interprète la réalité quels que soient ses efforts pour être impartial. C'est ce que la PNL dénomme la « carte du monde ».

La technique de la PNL est d'abord une incitation à essayer de comprendre le message d'un interlocuteur malgré les divergences de sens que des individus peuvent donner aux mêmes mots. Nous dirons que, selon les créateurs de la PNL, la carte n'est pas le territoire. Autrement dit, la représentation que nous nous faisons de toute réalité s'éloigne fatalement de la vérité.

Notons en passant qu'il ne s'agit pas là d'une idée nouvelle, à supposer qu'il y en ait ! Depuis longtemps, on sait bien que toute représentation mentale d'une perception antérieure peut s'opposer à une perception actuelle de la réalité et que nos paroles ou nos gestes sont souvent compris de travers ! Mais il ne suffit pas de connaître cette vérité pour mieux communiquer. Encore faut-il préciser en nous notre façon de nous représenter le monde et en quoi elle est différente de celle du voisin.

Dans les rapports commerciaux ou en matière de pédagogie pour adultes par exemple, la manière de parvenir au but peut être très différente selon les protagonistes.

Quant aux relations destinées à apporter un soutien moral, il est bien évident que les solutions que nous préconisons peuvent être diamétralement opposées.

Lorsque quelqu'un vient de perdre sa situation, faut-il ne lui parler que de ses nombreuses aptitudes et de toutes les possibilités de réussite qui subsistent en lui plutôt que de ses travers de caractère et de ses insuffisances qui ont abouti à son licenciement ?

La PNL préconise, non pas d'apporter des solutions et encore moins de les imposer, mais plutôt d'aider l'intéressé à les découvrir lui-même. C'est une conception optimiste de la nature humaine.

■ Deuxième principe :
la disparité entre l'être et le paraître

Toute personne peut être différente de ce qu'annonce son comportement, et celui qu'elle adopte à un moment déterminé est le meilleur pour elle.

La PNL estime avec raison que l'on ne saurait avoir sur quelqu'un une opinion conforme à la réalité par la simple observation de son comportement.

C'est là une remarque de grande portée. Dans l'excellent ouvrage de Louis Fèvre et Gustave Soto, édité par la Chronique sociale et intitulé *Le Guide du praticien en PNL*, les auteurs font remarquer que l'on ne saurait réduire une identité à un comportement, et rien n'est plus vrai. Même nos actes ne sont pas révélateurs de notre personnalité. Sans doute, l'idéal serait de faire parfaitement coïncider nos idées et nos actions, mais rien n'est plus difficile.

Voyons maintenant l'élément qui vient compléter ce deuxième principe : tout comportement obéit à une intention positive.

Ce choix peut résulter d'un besoin de s'adapter à une circonstance donnée ou d'obéissance à une exigence de dignité. Il en résulte donc une atteinte à l'authenticité. L'adepte des techniques de la PNL devra par conséquent veiller à identifier l'intention positive de l'interlocuteur et à regarder bien au-delà du comportement.

Il est facile d'imaginer les progrès que nous ferions tous dans la communication si nous prenions la peine de faire cette opération de l'esprit.

En tout cas, nous avons tous des expériences désastreuses dont l'origine est située dans des comportements adoptés en certaines circonstances. Nous ne sommes jamais sûrs d'avoir fait un choix pertinent. Si nous en avions adopté un autre, il est tout à fait possible qu'il en eût résulté des inconvénients ou même des épreuves, mais n'auraient-ils pas été plus féconds pour l'avenir ?

Notre choix n'était peut-être pas pleinement conscient.

◼ Troisième principe : nous avons plus de ressources que nous ne pensons

Nous n'avons pas conscience de toutes celles dont nous disposons et pouvons toujours modifier notre comportement, non seulement pour mieux atteindre nos buts, mais aider les autres à atteindre le leur. Encore faut-il savoir utiliser nos aptitudes et ne pas s'obstiner à réussir dans un domaine qui ne nous convient pas.

Il est toujours possible d'acquérir des connaissances ou un savoir-faire. Chacun de nous a plusieurs germes en lui. Il est certain que le scepticisme et le défaitisme sur nous-mêmes ne nous fait pas franchir un seul pas. Nous ne pouvons avancer que si nous sommes sûrs de la pluralité de nos dons ou au moins de la possibilité d'en découvrir dont nous ignorions jusqu'à l'existence.

À partir de ces trois grands principes, nous pouvons dégager plusieurs idées essentielles :

– il nous est impossible de ne pas communiquer ;

– nos messages sont conscients ou inconscients ;

– l'acuité de nos sens et la façon dont nous les utilisons conditionnent la nature des réponses ;

– chacun de nous a en lui les ressources pour résoudre ses problèmes ;

– toute intervention rigide ou sans respect pour l'autre altère l'authenticité de la réponse.

En d'autres termes, il s'agit d'essayer de mettre en harmonie notre langage, notre voix et nos attitudes avec ceux de notre interlocuteur, en veillant à ce que les postures s'accordent avec la voix et les intonations.

Mais tous ces efforts doivent viser à atteindre un but positif. Il ne s'agit pas d'un exercice gratuit destiné à prouver la pertinence des principes. C'est pourquoi nous avons parlé dès le début des circonstances au cours desquelles la PNL peut s'exercer :

– le soutien moral et les encouragements ;

– les opérations commerciales ;

– la transmission des connaissances et l'éducation.

DEUXIÈME PARTIE

LE CHAMP
D'APPLICATION
DE LA PNL

Comment observer l'autre

Nous avons vu que la PNL a pour pierre angulaire l'idée que la carte – l'ensemble de nos perceptions du monde extérieur – n'est pas le territoire, c'est-à-dire l'ensemble de la réalité. Chaque personne possède sa propre carte. Elle est la résultante de nos représentations sensorielles et de notre comportement.

▪ Les signes premiers

Si l'on veut comprendre nos interlocuteurs ou partenaires, il importe donc de bien les observer. Cette observation portera avant tout sur les points suivants.

La respiration

On sait qu'il s'agit là de la première fonction. C'est un mouvement involontaire. Le fait est essentiel. Une respiration peut être plus ou moins profonde et plus ou moins rapide. Chacun sait que le rythme est lié à l'émotion ou à d'autres facteurs physiologiques et qu'une respiration lente et profonde augure assez bien de la santé et de l'équilibre ; si elle est rapide et peu libre en dehors de toute émotion, nous soupçonnons déjà une atteinte de la santé.

Le tonus musculaire

Il est des êtres dont on devine qu'ils ont les chairs molles ! La personne bien enrobée, placide et un peu pâle – qui évoque ce que l'on désigne parfois sous le nom de « lymphatique » – n'est certainement pas un fanatique ni un ascète.

La posture

Il y a une tenue plus ou moins ferme du corps. L'attitude tendue et rigide est facilement observable. Le dos est plus ou moins droit et la tête est penchée ou se tient raide.

La voix

Rien n'est plus révélateur que la voix comme indice de vitalité. Par ailleurs, elle peut être veloutée ou cassante, aiguë, grave ou voilée. Le débit de la parole est plus ou moins lent.

Le langage

Nous voici parvenus à ce qui est certainement le point le plus important à observer. La PNL utilise le mot « prédicat » pour parler des mots basés sur un ou plusieurs sens.

Malheureusement, le mot prédicat n'a pas le sens que lui attribue la PNL, et en outre il est très utilisé en mathématiques. Nous dirons simplement qu'il peut s'agir de verbes actifs (transitifs) ou non, ainsi que de substantifs révélateurs.

En d'autres termes, les mots utilisés par chacun de nous traduisent la primauté d'un système sensoriel.

■ Visuel, auditif, kinesthésique ?

Si la personne observée a tendance à se servir fréquemment des verbes et des mots suivants, elle est plutôt visuelle :

C'était un beau panorama
Le ciel est toujours bleu
Je n'aime pas les temps gris
Il y a longtemps que je ne suis pas allé au Louvre
Tu ne sais pas assortir les couleurs
Sa cravate n'allait pas avec son costume
Il faudrait prendre une photo
Il m'a brossé un tableau noir de la situation

Voici quelques exemples d'un langage à dominante auditive :

Tout ce qu'il dit m'assourdit
J'aime entendre parler italien
J'ai le souvenir de sa voix
Ses paroles sonnent faux
Les chats ont une oreille supérieure à la nôtre
La musique me donne plus de satisfactions que la peinture
La sonnerie du téléphone est stridente
La surdité est une infirmité terrible
Je crois que je suis dans le ton

Si la personne fonctionne au moyen d'un mode kinesthésique, c'est-à-dire qui évoque un mouvement, vous pourrez entendre des mots tels que ceux-ci :

Il faut que je prenne contact avec lui
Elle s'agite beaucoup
Je ne peux tenir en place
Il est ferme sur ses positions
J'aime marcher à travers la campagne

Les expressions liées aux autres sensations sont tout aussi fréquentes et voisinent avec celles qui évoquent l'ouïe ou la vue :

J'aime tous les parfums
Ces roses sont jolies mais ne sentent rien
Son parfum est trop lourd
Il a une eau de toilette de mauvais goût
J'aime mieux les odeurs d'écurie que celles d'essence

Ce sont là des vocables à évocation olfactive. Il est tout aussi significatif d'énumérer des termes à évocation gustative :

Elle est exquise
Son style est un peu fade
Sa conduite est écœurante
C'est un livre que j'ai dévoré
Ils ont échangé des propos aigres-doux

Vous aurez remarqué que le fait d'utiliser ces expressions au sens figuré n'enlève rien – bien au contraire – à leur message.

À l'aide de ces exemples fort simples, tout le monde comprend que nous mettons dans notre langage l'essentiel de nos goûts et de nos préférences et même un peu de nos aptitudes.

▓ La calibration

Vous connaissez maintenant les trois principales voies d'accès à une meilleure connaissance de vos interlocuteurs : visuelles, auditives, kinesthésiques, et les autres représentations sensorielles.

C'est l'ensemble des observations fines des comportements conscients et inconscients de notre interlocuteur appliquées à tous les registres sensoriels que la PNL dénomme « calibration » ou « calibrage ». C'est ce qui permet d'établir des rapports entre les comportements de l'interlocuteur et ses états intérieurs.

Pourquoi les Américains ont-ils adopté ce mot ? De toute évidence, c'est par référence au verbe *to calibrate* qui signifie graduer un instrument destiné à mesurer la température, par exemple.

En matière de PNL, la calibration évoque donc l'ensemble des moyens pour estimer, apprécier les réactions des individus.

Nous ne manquerons jamais d'éclairer nos lecteurs sur le vocabulaire utilisé par la PNL. On n'avance pas dans une technique sans connaître les définitions des mots employés, surtout lorsqu'il s'agit de traductions.

Les clés d'accès

Parmi les observations, nous commencerons par parler des clés d'accès visuelles. Les auteurs d'ouvrages consacrés à la PNL donnent tous des exemples. Nous en avons éprouvé la pertinence. On consultera à ce propos le très riche travail effectué par MM. Fèvre et Soto dans leur *Guide du praticien en PNL* ainsi que celui de Catherine Cudicio publié aux Éditions d'Organisation. Tous ces éminents auteurs s'accordent pour attribuer une signification aux mouvements des yeux. Si le regard de la personne se dirige vers le haut et à droite, elle est à la recherche d'images ou de souvenirs. Si elle regarde en haut et à gauche, son esprit est créateur d'images ; si le regard est fixe, il est fort probable que la personne se livre à une réflexion intérieure.

Par ailleurs, il est avéré que si le regard se dirige latéralement à droite, la personne évoque en elle-même une mélodie ou une conversation. Si, au contraire, le regard se dirige vers la gauche, elle crée des sons. Il suffit de bien regarder le visage d'un pianiste qui improvise pour le constater !

Si, maintenant, le regard se dirige en bas et à droite, la personne observée est en train de dialoguer avec elle-même.

Nous venons donc de voir deux aspects de la calibration, visuel et auditif. Si le regard est dirigé vers le bas et à gauche, c'est que la personne est soumise à un mode kinesthésique et donc que les sensations et le mouvement jouent un rôle important chez elle.

Les stratégies

C'est ainsi que toutes les séquences – c'est-à-dire la suite des manifestations comportementales – créent ce que les praticiens de la PNL désignent sous le nom de « stratégie ». On peut s'interroger sur le choix de ce vocable. La stratégie, c'est l'art de combiner ou de diriger des opérations qui s'opposent à celles des adversaires.

Quand on sait que la pratique de la PNL consiste avant tout à aider et comprendre l'interlocuteur, le mot stratégie est plutôt surprenant !

Nous tenons à tenir l'esprit de nos lecteurs toujours en éveil. Quoi qu'il en soit, il faut distinguer les macro-stratégies, composées de comportements externes, des micro-stratégies, faites de représentations internes. La fonction de la stratégie consiste à traiter et à évaluer les informations de la calibration.

Les deux aspects les plus importants d'une stratégie sont :

– le système de représentation dans lequel est codée l'information ;

– la séquence et la relation entre les systèmes de représentation.

Mais revenons à ce qui conduit aux stratégies. Toute personne qui s'exprime peut passer du visuel à tout autre aspect de la représentation sensorielle. C'est cet ensemble de tactiques – si l'on peut dire – qui aboutit à ce que la PNL désigne sous le nom de stratégie.

Il est bien entendu que notre choix des mots fait partie de ce qui constitue notre stratégie. Nous voici donc au cœur de l'objectif de la PNL : parvenir à respecter les séquences du partenaire provisoire pour qu'il comprenne mieux notre désir ou notre volonté.

Exemple : imaginez que vous vouliez savoir quelle conception de l'écoulement du temps ressent un garçon de quinze ans. C'est une question importante de caractérologie pour déterminer l'ampleur ou l'étroitesse du champ de conscience, c'est-à-dire un mode de perception.

Vous lui dites : « Avez-vous une approche séquentielle du temps ou le voyez-vous intérieurement comme un fleuve qui s'écoule lentement ? »

C'est exactement la façon dont il ne faut pas parler à un adolescent !

Imaginez un instituteur qui dise à des enfants du CM2 : « Observez ces figures et dégagez-en une idée générale en procédant par induction. »

Pour eux, ce serait du chinois. Ne nous arrive-t-il pas fréquemment de parler un langage incompréhensible à d'autres ? Mais s'agit-il uniquement de niveau intellectuel ? Et sur quels critères faudrait-il s'appuyer pour deviner le niveau des interlocuteurs ?

▨ Quelques exercices

Il résulte de tout cela que rien n'est plus important que de s'habituer à l'observation, c'est-à-dire à ce que l'on désigne en PNL par la calibration ou le calibrage. Il n'y a pas d'autres moyens d'y parvenir que la pratique. C'est pourquoi nous vous proposons quelques exercices.

Exercice n° 1

Au cours des prochaines conversations que vous aurez avec une seule personne – par exemple, votre conjoint –, observez les mouvements de ses yeux et voyez si ce que nous vous avons dit est bien confirmé. Cet exercice n'est pas destiné à vous assurer de la véracité de ce que nous avons indiqué, mais à vous habituer à remarquer les attitudes.

Il serait très utile que vous appliquiez ce même exercice à quelqu'un qui ne serait pas de vos proches. Vous découvrirez des mimiques ou un regard plus expressif que vous ne pensiez !

Il importe de se livrer à la calibration en diverses circonstances et avec plusieurs interlocuteurs.

Exercice n° 2

Lorsque vous conversez à bâtons rompus avec quelqu'un, essayez de prendre conscience des mouvements de vos yeux. Vous saurez vite si votre regard est fixe ou mobile et vous vous rendrez compte de la position de vos yeux lorsque vous évoquez un souvenir ou lorsque vous êtes en dialogue avec vous-même.

Exercice n° 3

Nous passons tous à côté des choses et des êtres sans les voir vraiment. Cet exercice vous invite à bien regarder les couleurs d'une pièce où vous êtes. Après cette observation, tendez l'oreille afin d'être attentif aux bruits ou aux sons.

Et maintenant, demandez à l'une des personnes de votre entourage d'en faire autant afin de savoir si elle a les mêmes perceptions que vous. Vous verrez qu'elles sont sensiblement différentes. Enfin, remarquez bien la posture de votre ou de vos interlocuteurs et comparez-la à la vôtre.

Exercice n° 4

À plusieurs reprises, vous vous êtes habitué à remarquer les couleurs, les sons, les attitudes. Il importe maintenant – à deux personnes pour l'instant – de bien écouter la voix ainsi que le choix des mots. Pour être fructueux, cet exercice doit être répété.

Vous avez un champ d'application tout trouvé auprès de vos proches. Vous ne tarderez pas à noter si les mots qui évoquent la vision sont plus fréquents que ceux qui ont trait aux sons ou à toute autre représentation sensorielle.

Nous pouvons vous affirmer que si vous décelez à temps chez vos enfants la ou les prédominances sensorielles, vous aurez fait un grand pas pour leur future orientation professionnelle. Même si la PNL ne vous apportait que ce résultat, reconnaissez que le jeu n'aura pas été stérile.

▧ Langage verbal, langage corporel

Pour bien comprendre l'utilité de ces exercices, il importe d'avoir toujours présent à l'esprit que les pratiques de la PNL s'efforcent de nous habituer à observer l'ensemble de notre langage, c'est-à-dire de nos modes d'expression : verbal et corporel. C'est ce que nous désignons sous le nom de « langage analogique » pour ce qui concerne les attitudes, les gestes et la voix. L'ensemble des mots, des expressions et des phrases constituent le « langage digital ».

La PNL s'est donc attachée à élaborer des outils pour vous aider à :

– être précis dans vos façons de vous exprimer grâce à l'utilisation de ce que l'on nomme les « méta-modèles », c'est-à-dire un système par lequel nous pouvons décrire nos expériences sensorielles et retrouver nos connaissances ;

– stimuler votre créativité par une meilleure exploitation de vos ressources physiologiques et l'usage des métaphores et de la transe.

Les métaphores

Arrêtons-nous ici un moment car la PNL utilise des mots dont elle a déformé le sens originel : une métaphore est une figure de rhétorique qui désigne un objet du nom d'un autre objet présentant avec le premier des rapports d'analogie. Par exemple : la jeunesse est le printemps de la vie. « La métaphore consiste à transposer un mot de sa signification propre à quelque autre signification en vertu d'une comparaison qui se fait dans l'esprit et qu'on n'indique pas », comme le dit Arbalot dans son ouvrage *L'Art d'écrire*.

La Bruyère tenait la métaphore en estime puisqu'il écrivit ceci : « Les esprits justes et qui aiment à faire des images qui soient précises donnent naturellement dans la comparaison et la métaphore. »

Pour un praticien de la PNL, les métaphores ont pour but de permettre au sujet auquel elles sont destinées de découvrir l'issue ou la solution d'un problème qui se pose à lui.

Mais la PNL voit aussi dans la métaphore un procédé de langage qui peut prendre l'aspect d'un conte, d'une anecdote, d'une histoire, d'un slogan, d'une fable, etc. C'est donc, en même temps, une allégorie.

La PNL distingue plusieurs sortes de métaphores. Citons-en quatre pour l'instant : la métaphore profonde, la métaphore verbale, la métaphore fermée, la métaphore ouverte.

La métaphore profonde est une sorte de parabole par laquelle le lien d'une histoire et la situation où se trouve le sujet intéressé n'est pas expliqué. La métaphore n'a qu'une force d'évocation mais elle est suffisamment expressive pour que celui qui l'entend y trouve quelque profit moral ou physique : il peut s'agir par exemple de raconter une histoire merveilleuse à un enfant malade dans laquelle un autre enfant est guéri.

La métaphore verbale est celle qui utilise le langage comme vecteur principal. Dans la métaphore dite fermée, une solution bien particulière au problème posé par une personne est proposée. La résolution d'une situation est clairement expliquée dans la métaphore de surface et n'est qu'implicite dans une métaphore dite profonde. Une fable de La Fontaine constitue un bon exemple de métaphore de surface.

Maintenant que nous avons acquis quelques moyens supplémentaires d'observation des êtres et de notre milieu, il convient d'aborder la manière d'établir un rapport avec nos interlocuteurs ou partenaires.

Comment prendre contact et établir le rapport

Disons tout de suite que, là encore, le mot « contact » n'est pas très heureux. Un grand grammairien aujourd'hui disparu, René Georgin, le classait dans le musée des horreurs, dans le sens d'approcher quelqu'un, de rencontrer ou de communiquer. Le mot « contacter » est, en effet, un néologisme qui date de 1940. Il a vu le jour sous l'influence de la langue américaine. Il n'est donc pas étonnant que les traducteurs des textes issus de l'américain l'utilisent abondamment. Le contact est la première approche avant le « rapport ». En PNL, ce mot désigne la relation harmonieuse entre deux ou plusieurs individus. Elle implique une certaine communion dans les attitudes, les gestes et même la voix, il y a presque un mimétisme. Une entente, ou au moins un climat de confiance, ne peut s'établir que si ces conditions sont réunies. Nous en avons fait l'expérience.

Comment s'entendre si l'un murmure pendant que l'autre hurle ? Peut-il y avoir une communication fructueuse si l'un des partenaires marche à grandes enjambées tandis que l'autre flâne ?

Imagine-t-on une conversation d'affaires, qui doit aboutir à un contrat, au cours de laquelle le fournisseur tournerait le dos à son client ? Et qui n'a remarqué que le simple fait d'avoir de nombreux gestes amples devant un partenaire immobile et très réservé met les deux protagonistes mal à l'aise ?

Souvenons-nous de ce qui se passe dans la danse et prenons un exemple dans les figures antérieures au XIXe siècle.

Les partenaires d'un quadrille exécutaient ensemble les mêmes gestes et avaient les mêmes attitudes. Quant aux pratiques du judo et du karaté, les amateurs savent bien qu'existent un ensemble d'exercices au cours desquels chacun des exécutants prend tour à tour ou simultanément les mêmes postures que celui qui est en face de lui.

■ Savoir s'adapter au comportement de son interlocuteur

Vers 1910, une chanson vaguement coquine avait pour refrain : « Comment veux-tu que je manipule quand j'avance et que tu recules ? »

C'est toujours la même question. Il ne peut y avoir la moindre entente entre les esprits, les cœurs et les corps sans un relatif mimétisme dans le comportement. Il suffit de regarder deux personnes qui conversent aimablement pour le constater. Les paroles et les gestes ne peuvent pas être asynchrones, c'est-à-dire venir hors de propos ou être inopportuns.

N'en déduisons surtout pas que des rapports affectifs soient nécessaires en vue d'une bonne entente ou, au moins, d'une bonne communication. Certains pédagogues commettent cette énorme erreur. Le but d'un rapport humain n'est pas d'être aimé ou d'aimer. Il ne s'agit que d'échanger des propos, éventuellement légers, et non d'aboutir à l'établissement d'une convention. Le rapport qui lie l'enseignant à son élève comporte un élément supplémentaire. Il existe inévitablement une subordination provisoire, au moins intellectuelle, entre les deux protagonistes. C'est ce que la PNL définit par le terme de « conduite ». Ce terme est une traduction de ce que les Américains désignent par le mot *leading*. Les praticiens le définissent de manière emphatique : « La conduite est un processus qui consiste à changer un paramètre de la synchronisation. » En d'autres termes, l'un des partenaires prend les initiatives pour mener l'autre vers son but.

Il est bien entendu que la conduite est volontaire et

consciente et que les éléments qui modifient la synchronisation peuvent être de diverses natures. Ce peut être le vocabulaire, les gestes ou les intonations de la voix.

La notion de distance

Mais, pour tout rapport entre les individus, il est important de savoir quelle distance adopter. Le rapprochement physique est-il recommandé ou bien doit-il être apprécié en fonction de la situation ? Il est évident que notre attitude est soumise à la circonstance. Certaines personnes éprouvent le besoin d'avoir un geste amical pour faciliter la communication. Il peut être le bienvenu ou tenu pour malséant. L'adepte de la PNL connaît le degré de connaissance qui nous lie à telle personne. Il est évident que tout élan gestuel est à proscrire s'il s'agit d'une première rencontre alors qu'il peut être très opportun en d'autres cas.

Ce qu'il faut toujours avoir présent à l'esprit, c'est que les rapports de force sont bannis. En PNL, il n'y a pas d'attaque – si feutrée soit-elle – ni de résistance. Cette question de distance est multiforme. La plus simple est mesurable en centimètres, mais beaucoup de distances ont d'autres causes : différences de milieu, disparités des cultures, des ethnies, etc.

Quelle que soit la nature de ces distances, la similitude des attitudes et des gestes est indispensable. Nous avons donné quelques exemples plus haut de ce qu'il faut entendre par là mais les praticiens de la PNL recommandent de s'efforcer à une respiration de même rythme que le partenaire. Si l'on y parvient, le rythme de l'élocution devient semblable.

Le respect de la carte

S'il nous fallait résumer trois moyens de parvenir à établir, non pas des liens, mais un rapport positif entre deux ou plusieurs personnes, nous noterions ceux-ci :

– savoir évaluer ce qui nous sépare, *a priori* – matériellement ou autrement –, de notre interlocuteur ;

– s'efforcer d'avoir des postures, des gestes et une voix semblables ;

– utiliser des termes en rapport avec la représentation sensorielle qui domine chez l'autre.

En somme, le rapport est établi et entretenu par le respect de la carte – c'est-à-dire l'ensemble des manifestations de la personnalité. Mais ce respect n'a pas pour but d'exprimer de la déférence ! Il s'agit, pour le programmateur, d'accompagner le sujet jusqu'à son objectif. S'il est nécessaire de le tenir un moment par la main – ce que les Américains désignent par l'expression *facing and leading* –, encore faut-il rassembler toutes les informations que le sujet nous confie ainsi que le ton, le volume de sa voix et ses particularités physiologiques. C'est le fameux calibrage. L'opération n'est pas statique puisqu'elle permet au praticien de modifier un comportement négatif ou de provoquer une prise de conscience et d'agir avec l'acquiescement du sujet.

■ Exercices

Nous vous proposons quelques exercices pour que vous les pratiquiez au cours de séances de PNL. Ils sont destinés à concrétiser les principes que vous connaissez désormais et concernent :

– le calibrage ;

– la vérification d'informations ;

– la nature des rapports entre deux personnes ;

– l'observation des comportements ;

– la détermination du sens prédominant dans le cas du dialogue ;

– l'évaluation de la distance et du mimétisme comportemental.

Exercice n° 1 : deux personnes

Au cours d'une conversation dans un bureau, vous apprenez qu'un de vos collègues s'est récemment rendu dans une ville touristique bien connue de vous. Vous entendez ce collègue rapporter ses souvenirs de voyage.

À partir de quels détails pouvez-vous être sûr que votre collègue connaît bien cette ville ?

À quelles autres réponses floues soupçonnez-vous qu'il ne dit pas toute la vérité ?

Comment vous apercevez-vous que vous-même n'avez gardé que des impressions vagues de votre voyage ?

Pourriez-vous affirmer que tout ce que vous en rapportez est strictement conforme à la réalité ?

Exercice n° 2 : groupe de trois personnes dont un témoin

Primus demande à Secundus des nouvelles de Tertius qui est un ami commun mais que Primus n'a plus l'occasion de voir. Primus donne donc quelques informations à Secundus.

Le témoin présent écoute et pose à Secundus d'autres questions que Primus a pu oublier de faire ainsi que celles que Secundus n'a pas pensé à demander à Tertius.

L'opération suivante, faite par chaque personne, consiste à choisir les informations et à en établir une liste, en les classant par ordre décroissant d'importance.

Les trois protagonistes comparent leurs listes et font apparaître les ressemblances et les divergences.

La dernière opération consiste à dégager de chaque liste d'informations des renseignements sur le caractère de Tertius, ses tendances idéologiques ainsi que sur son type de représentation sensorielle.

Exercice n° 3

Nous avons parlé de la distance qui peut exister – au sens physique et au figuré – entre deux personnes qui conversent. Vous allez donc observer plusieurs circonstances de ce genre et vous essayerez de déceler la nature des rapports qui existent entre elles.

Exemple : vous êtes dans un bureau paysager et vous apercevez, à travers la vitre, le responsable du recrutement du personnel en compagnie d'une jeune femme. Consignez par écrit les attitudes et essayez de deviner s'il s'agit d'un entretien d'embauche ou d'une simple conversation.

Autre exemple : vous voyez un homme et une femme parler dans la rue dans un quartier de Paris où les noctambules sont nombreux. La femme paraît tourmentée et parle d'abondance devant l'homme qui semble lui faire des reproches.

Sans trop vous approcher, par discrétion, essayez de deviner s'ils sont en conversation d'affaires…

Exercice n° 4 : trois personnes dont un témoin

Vous êtes présent dans une soirée amicale et voyez deux hommes qui devisent. L'un des protagonistes est nettement expansif et prodigue de gestes. Voyez si son interlocuteur a tendance à sortir de sa réserve et à accentuer ses réponses avec plus de gestes qu'il n'en faisait au début.

Cet exercice d'observation, très simple, est destiné à vous habituer à scruter l'évolution d'une attitude en fonction d'une autre.

Exercice n° 5 : un sujet, un acteur et un témoin

Si vous êtes le praticien, demandez à l'une des deux autres personnes de relater un événement quelconque, pénible ou non, en lui demandant de donner la préférence dans sa description aux termes visuels.

Vous poserez des questions en qualité de témoin avec des expressions à prédominance visuelle. En revanche, l'acteur traduira l'ensemble à l'aide de termes d'audition.

Il est entendu que ce genre d'exercices est préparé. Il a pour but de faire découvrir à chacun des protagonistes la primauté de l'un des deux systèmes de représentation sensorielle.

Pour vous aider à préparer l'exercice, voici quelques termes qui révèlent le visuel ou l'auditif. Ce sont ces mots que la PNL désigne sous le nom de prédicats.

Pour le visuel : voir – regarder – envisager – apercevoir – distinguer – clair – obscur – coloré – visible – perceptible – aveuglant – lumineux – éclair – sombre – ténébreux – fulgurant – etc.

Pour l'auditif : harmonie – cacophonie – être dans le ton – être au diapason – tonalité – bruit qui court – silence – murmure – assourdissant – bourdonnements – mélodie – cantilène – sermon – ariette – symphonie – choc – fracas – strident – etc.

Le fait qu'il soit difficile de demander à chaque participant d'être spontané n'empêche personne d'être authentique. De toute façon, le but n'est pas de faire des exercices qui ne sont que des moyens. L'important est de faire découvrir à chacun quelle est sa dominante sensorielle.

Exercice n° 6 : trois personnes dont un témoin

Le premier doit relater un événement ou un incident avec force termes visuels. L'acteur exécute la même opération en termes auditifs ou kinesthésiques. Lorsque le témoin s'est livré à la même expérience, chacun prend le rôle de l'autre.

Pour vous aider, nous vous proposons une description d'embouteillage à Paris un jour de grève. Le premier sujet s'est trouvé ainsi au milieu de voitures qui ne pouvaient plus avancer : « Chaque chauffeur regarde autour de lui. Il a des mimiques de dépit ou de colère auxquelles répond son voisin. J'aperçois un agent de police qui se démène au milieu de la cohue. Les feux changent de couleur sans que l'on perçoive le moindre mouvement de véhicules. Tout à coup, les bras de l'agent changent de direction et chaque automobiliste bouge ses mains d'un geste vif. Nous faisons quelques mètres pour nous retrouver devant un nouveau feu. »

L'acteur peut décrire la même scène en faisant prévaloir les termes auditifs : « On entendait des klaxons rageurs et les coups de sifflet stridents de l'agent de la circulation. Une sorte de rumeur fiévreuse était perceptible. À mes côtés, la pétarade d'un gros camion devenait obsédante. Puis, brusquement, on entendit le signal pressant et cadencé d'une ambulance qui s'efforçait de se frayer un chemin à travers cet amas de voitures devenues immobiles… »

Exercice n° 7

Voici maintenant comment apprécier la bonne distance entre deux ou plusieurs personnes. Il n'est pas superflu de rappeler qu'il ne faut pas prendre le mot « distance » au sens strict. On peut être placé à un mètre de quelqu'un et en être très éloigné par l'attitude.

Devant deux ou trois personnes, évoquez deux anecdotes au cours desquelles il vous est apparu que le rapprochement physique vous a été favorable une fois et très préjudiciable en une autre circonstance.

Sans vous livrer à des facéties malicieuses, souvenez-vous combien vous avez été réconforté par un élan de compassion ou de simple sympathie un jour où vous étiez dans la peine.

Vous pouvez aussi raconter l'histoire d'un fournisseur qui s'élance la main tendue vers un acheteur glacial en espérant le faire sortir de sa réserve. Cet impair a un résultat exactement opposé à ce que notre chaleureux solliciteur espère.

Exercice n° 8

Il est destiné à vous faire prendre conscience d'un phénomène bien connu, le *facing and leading* de la PNL, au cours d'un entretien ou d'une conversation.

Facing and leading signifie « suivre et conduire ». Qu'est-ce à dire ? Suivre un sujet consiste à savoir écouter tout ce qu'il dit et à respecter son objectif. Inutile d'ajouter que toute interruption de parole constitue une erreur grossière.

Conduire un sujet consiste à se placer en *leader* dans la conversation.

Supposons que vous fassiez l'exercice à trois personnes. Primus et Secundus entament une conversation sur un sujet quelconque pendant que Tertius observe.

Cet exercice peut servir à modifier les futurs comportements de Primus et Secundus aussi bien par le nouveau sentiment qu'ils auront d'avoir tendance – l'un ou l'autre – à se laisser guider ou dominer, ou bien encore de ne pas savoir adapter leur comportement à celui de leur interlocuteur.

Il est certain que toute tendance à l'imitation de l'interlocuteur est un indice de bonne adaptation, mais aussi de tendance à se laisser guider et conduire. N'oublions pas que les personnes très adaptables manquent souvent de personnalité.

Que faudra-t-il en déduire si, à plusieurs reprises, l'un des interlocuteurs cherche systématiquement à conduire en adoptant une attitude à l'opposé de tout mimétisme ? Ne traduit-il pas là un appétit de puissance préjudiciable à l'adaptation à certains milieux ou certains êtres ? une certaine rigidité de pensée ?

Langage et méta-modèles

Les chercheurs et les praticiens de la PNL donnent la plus grande importance aux questions de langage. C'est l'outil de communication primordial chez les humains. Il permet d'exprimer des sentiments et des idées avec sincérité ou avec perfidie. C'est grâce à lui que nous savons ce que les autres veulent nous dire ou nous taire.

En matière de langage, les travaux des deux principaux créateurs de la PNL, Richard Bandler et John Grinder, sont fondés sur les découvertes de Chomsky et celles de Korzybski, respectivement auteurs de thèses sur la grammaire et la sémantique.

L'idée essentielle réside sur une observation de bon sens : dans tout ce que nous exprimons par le langage, il existe deux niveaux ; le premier a une structure superficielle ; le second est nécessairement plus précis et plus profond. Si l'on dit : « Le patron a un curieux caractère », on exprime une généralité vague qui apporte peu de renseignements. Pour que la remarque ait un intérêt, il faudrait lui adjoindre des exemples d'un comportement bizarre ou incompréhensible.

Tout le monde a pu constater que nos expressions sont pleines d'approximations. Chacun a donc conscience qu'il lui serait loisible d'y remédier en allant au-delà de réflexions floues ou inspirées par un sentiment ou une passion.

Comme il s'agit d'aller au-dessus et au-delà de la structure superficielle du langage, la PNL parle de méta-modèle. C'est une technique qui permet de mettre en relief les processus réducteurs de nos expressions par lesquels nous voilons, aux autres ou à nous-mêmes, une partie des réalités.

Voici de nouveau l'idée de la carte ! Le fait d'avoir conscience, à chaque instant, de tous nos artifices pour éviter d'être confrontés à des réalités qui nous gênent ne peut qu'être profitable à notre sincérité et à l'authenticité de nos attitudes. Si le praticien de la PNL cherche à appliquer une thérapie sur un sujet, il est évident que la mise à nu des processus plus ou moins conscients grâce auxquels ce dernier se dupe lui-même ne peut que contribuer à une amélioration de son jugement et de son comportement dans la vie sociale.

Le méta-modèle est une méthode fondée sur un ensemble de questions destinées à vaincre notre propension à déformer la réalité. Ces questions ont elles-mêmes comme origine l'existence de phénomènes bien connus par lesquels nos réflexions sont entachées de partialité. Il est d'usage d'en dégager trois principaux :
- l'omission ;
- la généralisation ;
- la distorsion.

■ L'omission

C'est une abstention volontaire de faire ou de mentionner quelque chose. C'est un manque, une inattention ou une négligence. Il n'est pas étonnant que la théologie catholique ait décelé le péché par omission à l'occasion de la confession. Qui d'entre nous n'a pas sciemment écarté de son langage la mention d'un fait ou d'une réalité quand il craignait qu'elle portât préjudice à sa réputation ou à son amour-propre ?

C'est aussi grâce à l'omission que nous pouvons présenter de manière concise ce que nous avons à dire. L'omission permet d'émonder les éléments superflus de notre langage. En somme, l'omission a deux aspects : ou bien elle révèle une volonté de voiler la vérité qui nous déplaît ou de la déformer aux yeux d'autrui pour notre plus grand avantage, ou bien elle démontre une certaine capacité de ne dire que l'essentiel, c'est-à-dire d'être apte à la synthèse.

La PNL a dégagé plusieurs sortes d'omissions. La plus fréquente concerne les phrases dans lesquelles le groupe verbal exprime une idée vague et qui appelle de nouvelles précisions.

Si vous entendez dire : « Les hommes politiques se moquent de nous », vous savez que vous n'avez pas été enrichi le moins du monde par cette information. Si vous vouliez en savoir davantage, il serait bon que votre interlocuteur donne des précisions concrètes pour étayer ce point de vue.

Si donc vous dites, par jeu ou par scrupule intellectuel, ou encore parce que vous avez un homme politique dans votre famille : « Qu'est-ce qui vous fait dire ça ? », il y a de fortes chances pour que votre interlocuteur se crispe sur la même idée en la répétant de façon différente mais tout aussi vague, en disant par exemple : « On le constate tous les jours. »

Et personne n'aura avancé d'un pas dans la connaissance.

L'omission est particulièrement fréquente lorsque nous exprimons des points de vue sur les autres, même s'ils sont bienveillants.

« C'est un homme bien. » Est-il une expression plus vague et plus incertaine que celle-ci ? Ce genre d'affirmations, qui contient tout et rien, appelle des précisions. Est-ce à dire que cet homme est issu d'un bon milieu, mais qu'est-ce au juste qu'un bon milieu ? Est-ce à dire qu'il a des qualités morales, mais lesquelles ? Ou bien veut-on dire que son comportement social est sans reproche et qu'il ne porte tort à personne ?

Mais là où les difficultés commencent, c'est précisément à partir du moment où l'interlocuteur ne veut pas se contenter de phrases creuses et floues. Imagine-t-on ce que pourraient devenir les rapports sociaux si l'on était aussi exigeant à chaque phrase entendue ?

Les omissions sont souvent voulues parce qu'elles sont un moyen pour nous de nous faire valoir ou de diminuer les mérites d'un autre.

« Je me souviens d'avoir vu cette pièce à l'époque où je préparais un examen. » La personne qui énonce cette évocation se garde bien d'indiquer de quel examen il s'agissait et plus encore de préciser si elle fut reçue. L'imprécision dont la personne s'entoure fait peser une présomption d'insincérité. Puisqu'il lui aurait été facile d'en dire davantage, il est probable qu'elle n'y tenait pas.

Avez-vous remarqué que nous nous trouvons tous dans ce genre d'équivoques pour notre plus grand profit, du moins apparent, puisque les vérités finissent toujours par remonter à la surface ?

Nous nous complaisons dans ce genre de petits mystères parce que nous espérons bien que nos interlocuteurs ne chercheront pas à en savoir davantage, soit par éducation ou tact, soit simplement par paresse intellectuelle ou indifférence.

Croyez-vous que les auditeurs de cette phrase concernant un examen se seraient empressés de demander : « De quel examen s'agissait-il ? » ou bien : « Avez-vous été reçu ? »

Il existe d'autres variantes dans les omissions. Elles sont créées par les verbes qui indiquent une nécessité, une obligation morale ou une volonté.

« Il faut recevoir tous les fournisseurs. » Cette injonction donnée à des collaborateurs du service Achats d'une grande société peut être lourde de conséquences pour ceux qui doivent s'y soumettre. Elle peut très bien appeler une contestation de leur part s'ils osent braver leur chef hiérarchique. Par exemple, celle-ci : « Quel intérêt avons-nous à recevoir tous les fournisseurs ? » ou bien : « Quel préjudice risquons-nous de subir si nous ne les recevons pas tous ? »

Il est très probable que si le chef en question ne s'est pas quelque peu frotté aux méthodes de la PNL, il risque fort d'être irrité par ces questions et tenir celui qui les pose pour un contestataire vétilleux et insubordonné. Et pourtant ! L'efficacité du service y gagnerait peut-être si le responsable avait la modestie et le courage de se demander s'il n'aurait pas intérêt à réfléchir sur les questions posées.

Nous avons vu l'utilisation du verbe **falloir**. Prenons un exemple avec **vouloir**.

Il nous est arrivé de prononcer des phrases du type de celle-ci : « Je ne veux pas fréquenter cet individu ! » en parlant d'un collègue à qui nous n'avons jamais parlé et dont nous ne savons rien. Nous ne voulons pas le fréquenter parce qu'il a une tête ou une attitude qui nous déplaît. En déclarant tout net que nous ne voulons aucune relation avec cet homme, nous exprimons une espèce de jugement de valeur fondée sur une impression des plus vagues. Sans être capable d'apporter le moindre argument à l'appui de cette affirmation gratuite, nous contribuons à répandre une rumeur fâcheuse sur une personnalité et nous privons peut-être d'une heureuse découverte en amitié.

Ces appréciations à l'emporte-pièce sont très fréquentes. Elles sont à l'origine de bien des erreurs et de bien des incompréhensions. L'oubli volontaire qui consiste à n'apporter aucune preuve de ce que nous avançons est donc préjudiciable à notre connaissance d'autrui et donc à la bonne harmonie des relations humaines.

Un exemple avec le verbe **pouvoir** éclairera mieux encore ces travers communs du langage qui traduisent le peu de souci que nous avons tous pour une stricte honnêteté de nos jugements :

« Je ne peux pas lui enseigner la musique. » Qu'est-ce à dire ? Cela signifie-t-il que l'on ne possède ni les compétences, ni le goût ou simplement pas le temps ? Ou encore que l'intéressé manifeste si peu de dispositions pour cet art qu'il est vain d'essayer ? Cette phrase contient tellement d'imprécisions qu'elle peut faire soupçonner une malveillance de la part de celui qui la prononce. De toute façon, elle ne nous apprend rien si ce n'est une impossibilité. Mais il est évident qu'elle ne peut en aucun cas satisfaire l'intérêt ou la curiosité de n'importe quel interlocuteur. Celui-ci est tenté de demander : « Pourquoi donc ne pouvez-vous pas ? » ou bien : « Manquez-vous à ce point de patience ? » ou encore : « Estimez-vous que cet élève n'est pas digne de votre enseignement ? », voire : « Craignez-vous que sa famille n'ait pas les moyens de vous rémunérer ? »

Les hypothèses sont, on le voit, nombreuses et nous ne les avons pas toutes envisagées.

Après avoir évoqué la question de l'omission, voyons celle de la généralisation.

■ La généralisation

Qu'est-ce que généraliser ? C'est se livrer à une opération de l'esprit qui consiste à appliquer certaines caractéristiques d'un objet – ce mot étant pris au sens le plus large – à tous les autres semblables.

Ce que l'on désigne sous le nom d'« induction » est un phénomène de cette nature. Si l'on fait un grand nombre d'observations au sujet d'un phénomène, nous en déduisons une loi. Le malheur, c'est que l'on ne peut jamais être totalement sûr d'avoir épuisé tous les cas possibles.

L'induction

L'induction est une vieille méthode scientifique. Elle a fait ses preuves, mais les lois auxquelles elle conduit peuvent être remises en cause à mesure que les connaissances sont enrichies. Et on peut très mal raisonner à partir du moment où l'on prétend tirer une loi générale en fonction d'un fait particulier ou isolé. C'est une manie que nous avons tous. Les scientifiques eux-mêmes, qui ne tombent jamais dans cette erreur s'il s'agit de leur spécialité, y succombent parfois lorsqu'ils traitent d'autres domaines !

Si vous dites : « Les virus ne sont pas détruits par les antibiotiques », vous exprimez une vérité scientifiquement démontrée. Cette généralisation est donc pertinente. Si vous dites : « Les gens qui ont de l'argent méprisent ceux qui n'en ont pas », c'est une observation qui peut être vérifiée dans certains cas, mais dont il est hasardeux de faire une vérité générale de toutes les époques et de tous les pays.

Qu'y a-t-il derrière cette affirmation si ce n'est un relent d'amertume chez ceux qui, précisément, n'ont pas beaucoup d'argent. Imagine-t-on cette phrase sur les lèvres d'une personne fortunée ?

Si cette phrase est écoutée par quelqu'un qui n'entend pas acquiescer à n'importe quelle assertion, l'auditeur ne sera-t-il pas tenté de rétorquer : « Est-ce toujours vrai ? » et : « Combien de personnes avez-vous rencontrées dans votre vie ayant à la fois beaucoup d'argent et du mépris pour ceux qui n'en ont pas ? N'y a-t-il respect humain que chez les démunis ? Et ne croyez-vous pas que les gens qui ont un peu d'argent méprisent aussi ceux qui n'en ont pas du tout ? » Le premier danger de la généralisation réside avant tout dans l'erreur qu'elle contient parce qu'elle ne recouvre qu'une partie de la réalité.

Les affirmations de nature « généralisante » contiennent souvent des adverbes destinés à en renforcer l'intemporalité ou à introduire une vague impartialité. On y trouve des mots ou des expressions tels que : toujours, souvent, jamais, chacun de nous, personne... Faites l'expérience sur vous-même avant d'épier les paroles de votre voisin.

« Les femmes sont toujours du côté des puissants. » Si l'un de vos amis prononce cette phrase, vous pouvez lui demander de rechercher dans sa mémoire s'il n'a pas connu de femmes très enclines à soutenir les malheureux et les vaincus de la vie. Mais si vous voulez éviter tout sujet de polémique, pourquoi ne donneriez-vous pas à votre interlocuteur quelques exemples qui infirment son opinion ?

Nous aimons tous prononcer des sortes de maximes définitives d'ordre social ou moral. Même si elles sont erronées et donc partiales, elles ne tirent pas à conséquence. En revanche, plus graves sont les formules lapidaires qui évoquent une question d'ordre scientifique et sur laquelle celui qui s'exprime n'a aucune connaissance.

Combien de fois n'avons-nous pas entendu dire : « Le froid tue les microbes » ?

Il s'agit pourtant là d'une immense erreur. Les microbes ne sont détruits qu'à une température qui tuerait en même temps ceux qui en sont porteurs.

Faut-il donc passer son temps à redresser les erreurs des autres ? N'y a-t-il pas un réel danger d'altérer la bonne harmonie des rapports humains si l'on conteste la pertinence des affirmations entendues ?

Tout le monde connaît ce merveilleux personnage d'Alceste, le Misanthrope de Molière, dont l'appétit de justice et de vérité est exacerbé. Il n'admet pas le moindre compromis et ne veut rien entendre qui ne soit strictement conforme à la vérité. Lorsque le personnage dénommé Oronte lui récite un sonnet de médiocre qualité et dont il attend des louanges, Alceste ne manque pas de lui dire, au mépris des convenances : « Quoi ? Vous avez le front de trouver cela beau ? » Il est bien clair que nous ne pouvons pas nous ériger en redresseur de torts chaque fois que nous entendons une parole contestable.

Notre premier effort portera donc sur notre tendance à émettre des généralisations peu pertinentes. Il y a là une discipline très fructueuse. Supposons un instant que nous évitions désormais d'énoncer une idée générale non vérifiée ou devenue fausse.

Il est en effet très fréquent que nos affirmations soient anachroniques. Elles ont pu être conformes à la réalité à une certaine époque, mais ne le sont plus. Pourtant, nous nous obstinons à les dire, par paresse mentale ou simplement parce que nous n'avons pas pris la peine de savoir si les dites affirmations sont encore vraies.

« En Espagne, tout le monde va à la messe. » Cette phrase ne peut plus être prononcée que par quelqu'un de fort ignorant de ce qui se passe dans ce pays. Elle fut vraie voici de nombreuses décennies, mais ne l'est plus.

Le « quantifieur universel »

Nous avons donc mis en relief le fait que les généralisations sont une habitude très fréquente, au moins pour certaines formes d'esprit, et qu'elles sont accentuées par les expressions mentionnées plus haut.

Les créateurs de la PNL – Américains du Nord – ont désigné ces expressions par la formule *universal quantifieur*, qui signifie que l'on élève à une sorte de quantité universelle un ou plusieurs faits isolés. Inutile de dire que la traduction française qui a abouti à cet affreux néologisme, quantifieur universel, ne veut plus dire grand-chose. Le mot « quantificateur » existe en français, mais il désigne un symbole mathématique et n'a donc rien de commun avec ce qui nous occupe ici.

Ajoutons que l'usage de généralisations nous renseigne sur les convictions ou les dévotions de ceux qui les expriment. Si quelqu'un émet des opinions imprégnées de scepticisme ou d'amertume, nous sommes vite renseignés sur son caractère hypocondriaque.

« À quoi bon voter, nous ne sommes pas les maîtres. »

« Je ne veux pas me déranger pour la politique, les dirigeants sont tous les mêmes. »

« Je sais à quoi m'en tenir sur la religion. »

« Vous pensez bien que les financiers peuvent tourner les lois. »

Ce genre d'affirmations amères et définitives peut révéler un caractère figé et un esprit peu décidé à sortir de ses marottes.

Mais il y a un autre type d'individus très solidement accrochés à leurs convictions. Ce n'est pas le doute qui les ronge, mais des croyances qui meublent leur cerveau.

« Quand le peuple descend dans la rue, les dirigeants ont peur. »

« Ce sont toujours les minorités qui ont renversé le pouvoir. »

« La bourgeoisie est toujours égoïste. »

Il suffit d'examiner d'un peu près ce genre de formules pour y découvrir des failles. Pour être sûr que les deux premières soient justes, il faudrait énumérer de nombreux exemples dans l'Histoire, aussi bien pour notre pays que pour d'autres.

Quant à la troisième affirmation, elle nécessite un examen approfondi en commençant par la définition de la bourgeoisie. S'agit-il d'une classe sociale bien délimitée et dont la nature serait d'avoir des biens ou un certain niveau de culture générale ? Mais quelle conclusion en tirer si beaucoup de commerçants sont plus riches que des médecins et des avocats ? Par ailleurs, l'égoïsme est-il toujours présent chez les représentants d'une classe sociale et jamais dans une autre, et qu'est-ce au juste qu'une classe sociale ?

Ce type de réflexions auquel doit être rompu tout praticien de PNL entraîne à une exigence de vérité et de modération dans les opinions.

Nous ne dirons jamais assez que celles-ci ont pour origine non pas le résultat d'un raisonnement mais nos sentiments et nos passions.

C'est ce que voulait dire le moraliste du XVIIᵉ siècle La Rochefoucauld lorsqu'il écrivit dans ses *Maximes* : « L'esprit est toujours la dupe du cœur. » Lui aussi faisait une généralisation ! Elle mérite d'être tempérée par une importante réserve : les découvertes scientifiques – donc inspirées par l'esprit – ne doivent souvent rien aux sentiments.

Voici donc deux exercices que nous vous recommandons pour vous habituer à plus de rigueur intellectuelle et à plus de maîtrise des sentiments :

1. Chaque fois que vous serez tenté d'émettre une opinion générale, demandez-vous si elle correspond bien à la réalité et si au fond elle n'est pas inspirée par un ressentiment, un souvenir ou une impression.

2. Écoutez-bien ce que disent vos interlocuteurs et demandez-leur des précisions à l'audition d'une généralisation. Si vous ne voulez pas être désobligeant, ironisez sur ce que vous entendez en apportant soit une précision, soit une modification ou encore une interrogation.

Ce genre de discipline est fécond pour notre esprit. Nous gagnerons en bienveillance et en qualité de jugement.

Voyons maintenant le troisième processus de modélisation présent dans la construction de notre carte du monde, c'est-à-dire dans la façon dont nous le percevons.

▓ La distorsion

Ce que les Américains désignent par ce mot est un des trois processus de la modélisation présente dans notre carte du monde et qui figure dans le méta-modèle.

Pour bien comprendre le phénomène et d'abord le mot, il convient d'en rappeler la définition. En géométrie, la distorsion est une des aberrations des systèmes centrés : l'image d'une droite qui ne rencontre pas l'axe est une ligne courbe.

En médecine, la distorsion est « l'état d'une partie du corps qui se tourne d'un seul côté par le relâchement des muscles opposés ou par la contraction des muscles correspondants » (*Le Petit Robert*) : il y a une distorsion de la face, des yeux.

En optique, c'est l'aberration produite par les miroirs, les lentilles, en déformant les objets.

La distorsion est donc le phénomène qui conduit à nous représenter les faits et les événements autrement qu'ils sont, ce qui n'est pas fatalement fâcheux. La distorsion peut prendre plusieurs aspects. Il est d'usage d'en dénombrer cinq :
– la lecture de pensée ;
– les relations de cause à effet ;
– l'équivalence complexe ;
– les présuppositions ;
– les nominalisations.
Comme nous sommes de nouveau plongés dans un vocabulaire spécialisé et technique, nous allons nous efforcer de l'éclaircir.

La lecture de pensée

Dans la lecture de pensée, que certains auteurs désignent sous le nom de « divination », la personne qui s'exprime réagit et réplique comme si elle connaissait les pensées ou les sentiments de celui qu'elle écoute.

Nous agissons tous ainsi très fréquemment. C'est pourquoi nous faisons souvent aux autres des procès d'intention. Le sens que nous attribuons aux paroles d'autrui peut être totalement faux ou au moins déformé, sans parler des idées non exprimées que nous prétendons avoir décelées.

« Mon patron s'imagine que je le déteste. »

« Si elle m'appelle, c'est qu'elle va me demander un service. »

Lequel d'entre nous n'a jamais prononcé ou entendu ce genre de phrases ? La plupart d'entre elles ne résisteraient pas à une investigation un peu poussée. Comment peut-on savoir qu'un patron imagine que nous le détestons ? Et comment deviner ce qu'il imagine ?

Quant aux intentions intéressées que nous attribuons à bien des gens, ne sont-elles pas le fruit de notre propre imagination plus ou moins malveillante ?

Comment connaître les tendances de tel ou tel être humain ? La personne qui appelle au téléphone ne cherche-t-elle pas la chaleur d'un échange même s'il lui est déjà arrivé de nous appeler dans le but de nous demander une aide ? Le fait qu'elle ait eu besoin d'un soutien à un moment donné induit-il que toutes ses démarches doivent être animées de la même intention ?

Dans la vie commerciale, ce travers dont nous sommes tous auteurs et victimes peut entraîner de surprenantes conséquences.

Vous êtes gérant de magasin et vous voyez arriver un client connu pour sa froideur et son visage maussade. L'un de vos collaborateurs déclare : « Il se prend pour un grand seigneur et nous méprise tous… » Quelques mois plus tard, vous apprenez que ce client a écrit à la direction générale de la chaîne de magasins pour exprimer sa satisfaction sur l'accueil reçu…

En d'autres termes, évitons soigneusement de jouer à la voyante. Il est hasardeux de nous croire outillé d'une sorte d'appareil pour voir à travers les esprits. Le scanner qui décèlerait les pensées intimes des individus n'est pas encore inventé. Même le sérum de vérité, dont on attendait tant, n'a en rien amélioré notre connaissance des êtres.

Méfiez-vous donc comme de la peste de certaines expressions telles que « j'ai l'impression… », « je crois bien… », « à mon avis, il est… » ou « je suis convaincu que c'est… »

Les relations de cause à effet

Rien n'est plus difficile que de distinguer la cause de l'effet. Les médecins en particulier, et les hommes de sciences en général, le savent bien. Il est connu que l'ulcère du duodénum est associé à une hyperacidité. Une découverte récente attribue la cause possible de l'ulcère à une bactérie. La médecine recherche donc si cette bactérie prolifère à cause de l'hyperacidité ou le contraire. Mais il y a un autre élément : on dit que ledit ulcère est une conséquence de l'anxiété. Mais celle-ci ne serait-il pas due à la présence de l'ulcère et de la fameuse bactérie ?

Qu'est-ce donc qu'une cause ? C'est ce qui produit un changement, par opposition à ce changement lui-même que l'on nomme alors effet. La cause, c'est ce par quoi une chose est ou a lieu. Pour certains philosophes, l'idée de cause résulte de l'habitude d'associer les phénomènes successifs. Le rapport de causalité serait donc un rapport de succession reposant sur le souvenir et l'association des idées. Il faut s'arrêter sur cette dernière expression. C'est l'acte par lequel une image en appelle une autre dans notre esprit. Il y a trois modes d'association des idées :

– la représentation, qui évoque toute représentation similaire ;

– la contiguïté : c'est la représentation qui en appelle une autre si elles se sont déjà trouvées ensemble dans notre conscience ;

– le contraste : c'est l'idée qui suggère son contraire.

L'association des idées n'est sûrement pas le but privilégié de toutes les facultés intellectuelles.

Mais revenons un instant à l'idée de cause pour mieux comprendre la figure linguistique. À notre époque, la notion de cause est devenue dialectique, c'est-à-dire que la cause produit un effet qui, à son tour, réagit sur elle. Regardez cette formule :

$$R = f \begin{pmatrix} P \longrightarrow S \\ P \longleftarrow S \end{pmatrix}$$

(f) désigne la fonction et R la conduite sociale de chacun d'entre nous. Elle dépend de notre personnalité (P) qui agit sur la situation (S) dans laquelle nous nous trouvons. Cette situation, à son tour, réagit sur notre personnalité. Pourquoi donc le fait d'établir une relation de cause à effet nous est dommageable ? La première raison, c'est qu'un effet a rarement une seule cause. C'est pourquoi le vocabulaire moderne préfère parler de conditions déterminantes que de cause.

Imaginez que vous soyez en présence d'un personnage chargé de recruter du personnel. Il vous demande : « Pourquoi n'avez-vous pas appris l'anglais ? » Vous répondez : « Je ne l'ai pas étudié au lycée et depuis, je n'ai jamais eu le temps. » Est-ce vraiment une cause déterminante ?

Mais il y a bien d'autres cas dans la conversation courante ou même dans des travaux bien structurés où il est très possible de découvrir la faille dans les rapports de causalité.

Vous apprenez que tel personnage que vous connaissez est atteint d'un cancer du foie. Si vous êtes moralisateur, vous pouvez dire : « Je n'en suis pas étonné, il buvait tellement. » L'établissement de ce rapport peut être complètement faux puisque des personnes très sobres sont atteintes de cette maladie et que des alcooliques ne le sont pas.

Dans le domaine politico-social, il est très fréquent que l'on attribue tel effet à telle cause parce que nos déductions sont inspirées par des croyances, des sentiments ou des ignorances.

« À quoi attribuez-vous le chômage actuel ? » Les réponses varient selon l'idéologie à laquelle se rattachent leurs auteurs. Pour certains, la faute incombe exclusivement aux hommes politiques ; pour d'autres, aux dirigeants d'entreprises.

Nous retrouvons ici non seulement des fautes possibles de logique, mais aussi une tendance aux simplifications et aux généralisations.

Nous voici maintenant à ce que la PNL nomme :

L'équivalence complexe

Cette expression bizarre n'est que la traduction littérale de la *complex equivalence* américaine. Qu'est-ce à dire ? Cette figure linguistique établit un lien d'identité entre deux événements qui n'ont aucun rapport entre eux.

Pour bien comprendre ce point, il faut s'arrêter sur la notion d'identité. Elle s'applique à une chose unique présentée sous une appellation différente.

Exemples :   Le lion *ou* le roi des animaux

Le pape *ou* le Saint-Père

L'identité peut aussi être appliquée à des choses numériquement différentes mais possédant les mêmes caractéristiques, ou enfin à une personne qui a conscience d'être toujours la même malgré les épreuves ou les événements qu'elle a connus.

Dans *Le Temps retrouvé* de Proust, la phrase suivante évoque cette question : « La mémoire de l'être le plus successif établit chez lui une sorte d'identité et fait qu'il ne voudrait pas manquer à des promesses qu'il se rappelle. »

Malheureusement, le sens du principe d'identité n'est pas toujours compris de la même façon. Il peut signifier que les concepts logiques sont immuables, ou bien que le vrai et le faux sont de tous les temps. Ce qui est certain, c'est que le principe d'identité reste la loi de la pensée cohérente. C'est le principe d'accord de la pensée avec elle-même.

Il se trouve que dans le cas de l'équivalence complexe, il y a justement une incohérence. Il est donc abusif de dire que cette figure linguistique établit un lien d'identité entre deux événements distincts. Plus exact serait de dire que cette équivalence évoque un rapport spécieux et illogique entre deux faits en raison d'une apparente similitude répétée.

Prenons un exemple : un certain directeur commercial passait pour accorder son estime à un collaborateur dès lors qu'il lui tendait la main gauche pour le saluer et non la droite. C'était sa façon de manifester une sorte d'affectivité. Il arriva donc que quelques employés des services de ce directeur s'attendirent à un avancement ou au moins à des compliments parce qu'ils avaient été salués de cette façon. Un bon nombre d'entre eux furent déçus. Voilà ce qu'il en coûte d'établir des liens entre des faits dissemblables.

C'est en somme une faute dans la rigueur de l'observation.

Faites l'expérience de demander un jour dans un magasin de vêtements pour homme une chemise couleur « lilas ». Ou bien le vendeur vous répondra qu'il n'y en a pas, ou il vous apportera une chemise de couleur mauve. Vous pourrez alors rétorquer que vous vouliez une chemise blanche, ce qui est aussi la couleur du lilas !

Cette façon d'établir des rapprochements entre des concepts disparates est un travers de l'esprit dans lequel nous tombons tous. Les événements politiques les inspirent fréquemment. Telle manifestation d'étudiants a entraîné une fois telle décision ministérielle. Presque tout le monde va croire qu'une autre manifestation apparemment semblable aboutira aux mêmes conséquences. Il n'est pas étonnant que nous soyons surpris de la façon dont se déroulent les événements auxquels nous attribuons des mécanismes plus ou moins automatiques !

Ce phénomène de la vie de l'esprit fait place maintenant à une autre figure linguistique :

Les présuppositions

Ce modèle appartient lui aussi à la catégorie distorsion.

La présupposition implique une présomption d'exactitude et de sincérité dans la phrase qu'un interlocuteur énonce devant nous.

Imaginez que l'on doute systématiquement de tout ce qui nous est dit. Que deviendrait la nature des rapports humains dans ce cas ? C'est pourtant une tendance qui n'est pas exceptionnelle.

« Je n'ai pas voulu d'enfants pour ne pas faire de malheureux. » Ce genre de phrases peut très bien être une justification pour une cause très différente de celle qui est exprimée. Nous en avons tous entendu de semblables. La personne peut très bien vouloir masquer le fait que son mari est stérile ou qu'elle-même ne peut avoir d'enfants. Ce peut être aussi pour une banale histoire de niveau de vie. Mais de quel droit pensons-nous à toutes ces raisons ? Pourquoi après tout cette personne ne voudrait-elle pas éviter d'avoir des enfants parce qu'elle ne se sent pas capable de leur assurer une éducation soignée ?

La présupposition peut donc être l'indice d'un esprit peu enclin à la suspicion mathématique. Mais le fait de ne jamais mettre en doute ce que l'on entend n'est-il pas l'annonce d'un cœur crédule ? Il est bien vrai que la lucidité, voire le cynisme sont présents chez les personnes dont l'esprit est délié. Il n'est pas moins vrai que les sceptiques et ceux qui imaginent à chaque instant que leur interlocuteur leur ment ou veut les abuser se trompent aussi souvent que les naïfs.

Examinons à présent le dernier aspect des distorsions :

Les nominalisations

Dans son ouvrage *La Pensée et la Langue*, Brunot s'exprime ainsi à partir du mot « nominal » : « À côté des noms véritables, il y a des termes qui ont été généralement classés soit parmi les noms, soit parmi les pronoms... Il est nécessaire de les réunir, et il m'a paru que le nom d'expressions nominales ou de nominaux leur convenait assez bien, car ils se rapprochent des noms sans se confondre avec eux ; ils sont abstraits, n'éveillent point d'image et ne peuvent pas recevoir toutes les caractéristiques ou les déterminations que reçoit le nom. »

Le contraire de nominal peut être « collectif » ou « effectif ». Cette approche linguistique aide quelque peu à comprendre ce que la PNL entend par nominalisation. C'est un mot abstrait et vague qui remplace l'énoncé d'un processus. C'est pourquoi il est possible de le classer dans les avatars de la généralisation.

Si l'on dit : « Je suis attaché à l'égalité et à la justice », on exprime une opinion qui appelle nécessairement une explication. Ces deux mots recouvrent des concepts très grossiers qu'il est important de définir. Mais même s'ils le sont, il est peu probable que leur sens sera adopté par tout le monde. Dès que l'on entend une phrase de ce genre, il est impossible de ne pas poser de questions si l'on veut savoir exactement dans quels domaines l'égalité et la justice pourront s'exercer.

Si chacun convient de la disparité des aptitudes, il faut déjà noter que l'égalité des dons n'est pas dans la nature humaine. La santé est très inégalement répartie et le hasard des naissances constitue déjà une inégalité, dont on ne peut corriger les effets que par des lois.

Le mot justice est, lui aussi, particulièrement propice à diverses interprétations. Il en est de même de la vérité. Lorsque Ponce Pilate – en bon Romain qu'il était – demande à Jésus : « Qu'est-ce que la vérité ? », il n'obtient pas de réponse. Jésus savait bien qu'une explication de ce mot relève de la discussion philosophique abstraite et stérile qui ne peut conduire à rien.

Nous avons tous dans la tête un petit stock de mots ou de formules de ce genre dont le verbe est absent et qui ne signifient pas grand-chose. Nous nous en grisons pour nous consoler d'un échec ou pour critiquer les attitudes des autres. Ces mots abstraits sont comme figés dans notre esprit et nous n'avons pas le courage de regarder en face ce que nous voulons exprimer parce qu'il y a en nous une certaine complaisance à les utiliser.

La solution destinée à clarifier nos rapports avec les autres lorsqu'ils utilisent ce type de mots consiste, sinon à demander des définitions – sujettes à controverse –, du moins à déplacer les affirmations vers le terrain du concret et des réalités.

Faites-en l'expérience. Si vous entendez quelqu'un se plaindre de l'atmosphère qui règne dans son entreprise, vous ne tarderez pas à constater à quel point votre interlocuteur aura du mal à citer des faits qui appuient ses affirmations. Vous découvrirez que lui-même est en partie responsable de l'ambiance dont il se plaint et qu'il ne fait pas grand-chose pour l'améliorer.

Il s'agit d'une impression vague et personnelle qu'il ressent. Il est mal à l'aise dans son service pour des raisons qui ne sont pas toutes liées à l'atmosphère dont il se plaint. Si vous êtes assez libre de paroles avec cette personne, ou s'il s'agit d'un proche à l'égard duquel vous n'avez pas de précautions particulières à prendre, aidez-le à préciser ce qu'il ressent et surtout à trouver des solutions. Elles ne peuvent venir que d'une meilleure perception de l'environnement. Votre interlocuteur doit se demander s'il n'est pas taciturne avant de se plaindre du peu d'ouverture de certains de ses collègues. Il aura intérêt à observer leur attitude pour y détecter peut-être des soucis ou des chagrins cachés. Enfin, il sera bon de lui demander s'il n'a aucun élan de mode kinesthésique de type inhibiteur qui empêche les autres, à leur tour, de manifester la moindre cordialité.

Faire l'unité en soi

Le lecteur a compris que l'un des buts de la PNL est d'introduire plus d'homogénéité dans notre comportement mais aussi dans nos façons de penser.

Les contradictions sont en effet une source de déchirements et donc d'indécision. Elles ne sont pas préjudiciables qu'à nous-mêmes. Nos proches, ou simplement ceux qui ont quelque affaire avec nous, peuvent avoir à en pâtir. Nous aimons tous avoir face à nous un être vrai. Les ambiguïtés ou les bizarreries inspirent une sorte de malaise.

Comment donc peuvent-elles se manifester ? D'abord par une disparité entre les paroles et les gestes. Tout le monde sait que les comédiens ou les amuseurs en tirent parti pour faire rire. Mais ce comportement, volontaire ou non, peut inspirer la méfiance et donc compromettre les bons rapports sociaux.

Prenons des exemples terre à terre. Imaginez que quelqu'un veuille exprimer des mots tendres au téléphone en vociférant ou en adoptant un ton cassant et dur. La personne à qui s'adresse ce discours ne pourrait qu'en être interloquée et désemparée.

Supposez maintenant que quelqu'un soit tonitruant et multiplie les grands gestes alors qu'il rend visite à une personne en train de pleurer près du cercueil d'un être cher !

Et ne croyez-vous pas qu'il y a quelque chose de sardonique à se montrer très doucereux et souriant lorsque l'on annonce à quelqu'un que telle punition ou telle épreuve va lui être infligée ?

Ces exemples très simples sont destinés à faire comprendre que nos moyens d'expression sont d'autant mieux acceptés et plus convaincants qu'ils révèlent des opinions et des sentiments de même nature. Ce n'est pas le moyen infaillible pour être sincère puisqu'il est toujours possible de falsifier ses paroles et d'y adapter une attitude, mais il n'y a pas d'authenticité de comportement sans harmonie dans les paroles, les gestes, la voix et les mimiques.

▓ La congruence

Cette correspondance entre ce qui se passe dans l'esprit et ce qui est manifesté dans la communication porte un nom en PNL : c'est la congruence. Le mot n'est pas courant en français. En revanche, les adjectifs congru et incongru sont couramment employés. Congru vient du latin *congruus* qui signifie convenable. Les synonymes sont : approprié, pertinent et les antonymes : discordant, inadéquat, inconvenant.

Dans *Madame Bovary*, Flaubert écrit ainsi : « Quelle épouvantable catastrophe ! s'écria l'apothicaire qui avait toujours des expressions congruentes à toutes les circonstances imaginables... »

En PNL, si l'on dit qu'une personne est congruente, c'est que tout ce qu'elle exprime est présent dans sa conscience. En d'autres termes, il n'y a pas de disparité, à ce moment précis, entre l'être et le paraître. Il y a accord entre ce qu'elle ressent et ce qu'elle exprime. S'il y a antinomie entre l'ensemble des expressions et le fonds de la conscience, c'est l'incongruence, mais ce dernier mot est artificiellement fabriqué pour les besoins de la PNL. Il est remarquable que d'excellents auteurs, comme par exemple Catherine Cudicio, rejettent les mots cohérence et incohérence comme équivalents de la congruence et l'incongruence.

La cohérence, c'est l'union étroite de divers éléments. Elle ne désigne pas nécessairement quelque chose de figé ou de statique. Lorsque Balzac écrit : « Cette mère n'avait jamais eu rien de cohérent avec sa fille ; elle ne sut deviner aucune des véritables difficultés qui l'obligeaient à ne pas profiter des avantages de la Restauration et à continuer sa vie solitaire... », nul doute que dans l'esprit de notre écrivain, il y ait la description non d'un état mais d'une conduite.

La mission de ceux qui veulent remédier aux inconvénients des comportements incongrus consiste à en rechercher les causes avant d'en abolir les effets.

Mais avant de chercher à obtenir des résultats chez les autres, il est bon de veiller à ce que nous-mêmes ayons un comportement congruent.

En matière d'exercice, voici ce que nous vous proposons pour y parvenir :

1. Observez-vous d'abord dans votre vie professionnelle de tous les jours. Si vous avez une responsabilité hiérarchique, cette auto-observation sera particulièrement précieuse. Par exemple : vous estimez qu'il est important d'inspirer au personnel une confiance inébranlable dans l'avenir de la société, mais vous savez qu'elle est en difficulté. À plusieurs reprises, vous dites aux personnes dont vous avez la charge que tout va bien et que de nouveaux marchés vont s'ouvrir. Vous avez des mots sévères pour les défaitistes. Mais toutes ces paroles d'invitation à la confiance sont contredites par votre comportement nerveux, irritable et un visage tendu et renfrogné ; le personnel le perçoit sans doute et comprend mal une pareille distorsion entre les mots et les attitudes.

2. Faites maintenant l'expérience au sein de votre famille. Vous êtes volontiers moralisateur et vous dites à votre femme et à vos enfants qu'il faut être bienveillant avec tout le monde et savoir oublier les griefs personnels. Parallèlement à ce genre de recommandations, vous découvrez que vous êtes enclin à l'amertume et aux remarques acerbes sur le voisin, sur les professeurs de vos enfants, sur la personne chargée du catéchisme et sur votre libraire. Tout ceci est bel et bien une absence de congruence, même s'il n'y a pas d'insincérité foncière ni de duplicité.

Lorsque vous serez parvenu à ce supplément d'harmonie en vous-même, essayez d'observer le comportement d'une personne que vous côtoyez tous les jours, surtout si vous avez déjà décelé qu'il semble émaner d'elle une sorte de trouble intérieur.

Vous pouvez facilement trouver cela chez les personnes dont la volonté paraît crispée et très tendue comme si elles s'imposaient une discipline négative. Soyez sûr qu'un comportement raide, très peu détendu – source de menus incidents avec des collègues – cache un drame secret. Il est très possible que le personnage en question ne pense pas un mot de ce qu'il dit, ou au moins qu'il finisse par y croire.

Mais il y a le comportement contraire ! L'homme à la mine presque réjouie et aux paroles pleines de bienveillance alors que sa conduite à l'égard d'autrui est d'un égoïste forcené, voire même d'un être dépourvu de sensibilité. Ce peut être le résultat d'une volonté délibérée de donner le change, ou simplement un besoin de s'adapter à tous les milieux et à toutes les situations.

Vous voyez que vous avez matière à observation et à réflexion !

■ L'état de ressources

Le chapitre de notre ouvrage consacré aux principes de la PNL, c'est-à-dire ce qu'elle désigne sous le nom de présupposés, contient un paragraphe où est évoquée la question de nos ressources (p. 30). Connaître l'état de ces dernières est un des moyens de se réaliser ; cela suppose que nous sachions utiliser tous les éléments de nos expériences personnelles. Le lecteur se souvient de la formule par laquelle nous rappelions que notre comportement dépend à la fois des circonstances dans lesquelles nous sommes placés et que celui-ci, à son tour modifié, modifie notre environnement. Prenons un exemple : un professeur a une certaine conduite devant l'auditoire de telle classe. Les élèves d'une autre classe sont tout surpris d'entendre parler de ses réactions, car elles leur sont inconnues. Le professeur est différent parce que chacun des éléments de sa personnalité et de son caractère prend plus ou moins d'importance selon ce qu'il a à faire, à dire, et selon le type de personnes qui se trouve devant lui.

Mais l'état de ressources ne se borne pas à l'utilisation des éléments personnels de notre caractère selon les circonstances vécues. Notre conduite ne s'adapte pas instantanément à la variété des faits que nous connaissons. L'état de ressources consiste à nous servir de nos expériences, mêmes fâcheuses, pour atteindre nos buts. Si notre passé professionnel nous a appris à ne pas trop donner d'importance à une remarque ou à un reproche décourageant, il est tout à fait possible de garder un moral d'acier dans un autre contexte. Si nous avons long-temps cru qu'il était de bon ton de ne consulter que rarement notre supérieur hiérarchique, et découvert que cette conduite suscitait de la méfiance, il est urgent d'agir de façon très diffé-rente. En d'autres termes, rien ne nous empêche de changer radicalement de comportement en raison d'erreurs ou d'expé-riences passées. L'état de ressources est, en quelque sorte, un climat de conscience. Même si nous nous sentons en difficulté en présence d'une circonstance qui en évoque une autre péni-ble, nous pouvons très bien trouver en nous le ressort néces-saire à partir d'une perception sensorielle. Ce peut être une parole aimable, une poignée de main ou la vision d'un bureau silencieux et bien décoré lors d'une visite d'embauche. Encore faut-il que cette perception stimulante existe. La PNL désigne ce phénomène sous le nom d'ancrage.

■ L'ancrage

Les Américains nomment *anchoring* ce processus par lequel une association est faite entre un stimulus et une réponse. Tout le monde a l'expérience de ce phénomène. Les sons ou les odeurs enfouis dans notre mémoire en fournissent un bon exemple. Nous savons que l'audition d'une mélodie entendue dans l'enfance suffit à faire resurgir en nous un ensemble de souvenirs plus ou moins précis et, en tout cas, à recréer un état de conscience. Il en est de même des parfums. Ceux-ci laissent souvent des traces indélébiles en nous. Si nous croyons les sentir de nouveau, nos paroles et notre état d'esprit peuvent être instantanément modifiés. Mais l'important est de savoir se servir de cet ancrage. Le mot n'a pas été choisi au hasard. Une ancre permet la stabilisation. Elle évite l'errance. Autrement dit, elle permet à l'intéressé de ne pas vagabonder et de s'accrocher à un élément interne positif.

L'ancrage consiste à se servir des souvenirs liés à un événement précis et à en utiliser le côté positif. Mais cet ancrage n'est pas limité à notre seul bénéfice. Il peut très bien être utile à ceux que nous approchons et revêtir de multiples aspects. Pour encourager le personnel à travailler avec entrain et bonne humeur, le premier ancrage du chef consiste à donner l'exemple de ce qu'il attend des autres. Mais il peut tout aussi bien se servir de supports concrets : veiller au confort du personnel en fournissant des sièges adaptés à la fonction ou en faisant améliorer l'éclairage, offrir des lunettes spéciales pour ceux qui passent leur journée devant un écran d'informatique. Consacrer du temps à écouter la description des difficultés éprouvées par chacun est aussi un excellent ancrage puisque tout le monde a besoin d'égards et ressent le besoin d'être apprécié.

L'ancrage est utilisé à chaque instant dans les procédés multiformes du marketing. L'association d'un conditionnement élégant, pour un produit de luxe, est bel et bien un ancrage. Il flatte le toucher et la vue. Lorsque le dentiste fait passer une musique douce pendant que vous êtes à sa merci, nul doute qu'il s'agit d'un aspect de l'ancrage.

Il est donc utile de faire quelques exercices pour bien saisir ce dont il vient d'être question. Nous vous proposons ci-dessous une observation d'ancrage appliquée à vous-même :

1. Si vous êtes une femme, avez-vous l'habitude de vous parfumer lors d'une visite ou d'un entretien commercial afin d'augmenter votre pouvoir de séduction ?

2. Éprouvez-vous le besoin – quel que soit votre sexe – d'écouter de la musique ou la radio dès le matin, sans quoi vous vous sentiriez sans entrain ?

3. L'arôme d'un chocolat ou d'un café contribue-t-il à vous rendre, quelques instants, un peu plus heureux ?

4. Une poignée de main accompagnée d'un geste amical sur votre bras vous inspire-t-elle une sympathie prononcée pour celui qui en est l'auteur ?

Essayez maintenant de faire des expériences d'ancrage avec un tiers et observez-en les résultats.

Après plusieurs entretiens avec des employeurs, vous n'êtes toujours pas engagé et vous vous interrogez sur la cause de ces échecs. Décidez de changer d'attitude. De la réserve dans laquelle vous vous enfermez, habituez-vous à poser des questions sur la nature de la fonction proposée et ne vous contentez pas d'écouter positivement ce que l'employeur vous dit. Penchez-vous légèrement en avant dès qu'il vous pose une question pour bien manifester votre intérêt, habillez-vous simplement mais avec soin. Ne soyez pas à la dernière mode, choisissez plutôt l'avant-dernière.

Nos idées sont inspirées par les sentiments, et il est bon de s'en souvenir à chaque instant. Nous allons vous en donner un bon exemple.

Un aveugle américain tendait une sébile sans grands résultats. Un homme d'affaires lui posa cette question : « Voulez-vous gagner trois fois plus ? » On devine la réponse. Le philanthrope du marketing confectionna un panneau sur lequel on pouvait lire : « C'est le printemps et je ne peux pas le voir ! » Les recettes de l'aveugle montèrent aussitôt. Les sentiments du public avaient été stimulés par cette ingénieuse inscription.

Il va de soi qu'il ne faut pas faire d'impairs dans le choix des ancrages. Si vous voulez manifester un surcroît de respect et d'estime pour une cliente connue de vous, il n'est pas question de lui tenir une main – même gantée – entre les deux vôtres comme pour la réchauffer. Ce geste d'affection et de tendresse pourrait bien avoir l'effet contraire, surtout s'il est assorti d'un regard particulièrement langoureux !

Sept conditions pour un ancrage réussi

Maintenant que nous avons donné des exemples d'ancrages volontaires, il est utile d'y revenir un instant pour les distinguer des réflexes conditionnés.

L'ancre est un stimulus sensoriel accompagné d'un processus interne de notre organisme ou d'un comportement et qui peut faire ressentir des expériences anciennes de nature agréable ou non.

Nos gestes, notre voix, nos parfums, nos habitudes, sont autant d'ancrages. Il s'agit donc d'un phénomène naturel dont nous pouvons user autant qu'il est nécessaire pour parvenir à un but bien précis. La méthode de l'ancrage est l'association d'une expérience précise à un stimulus sensoriel V (visuel), A (auditif), ou K (kinesthésique) reproductible.

Les éminents auteurs du *Guide du praticien en PNL*, Louis Fèvre et Gustave Soto, indiquent sept conditions pour un ancrage efficace.

Il doit être :

– **préparé** : l'intéressé doit s'investir totalement dans l'expérience et donc y associer ses sens. S'il s'agit d'un ancrage dans lequel est impliqué un tiers, le calibrage est indispensable afin de déceler le moment opportun de l'action ;

– **instantané** : il est évident qu'un geste d'affection ou d'amitié ne peut être que bref ;

– **précis** : l'ancrage est associé à un seul stimulus ;

– **testé** : dès qu'une ancre est posée, il convient de vérifier si la réponse émotionnelle que nous voulons provoquer a bien eu lieu ;

– **spécifique** : cette condition est très proche de l'exigence de précision. En d'autres termes, le stimulus est associé à une expérience délimitée ;

– **reproductible** : l'ancrage doit être d'exécution facile. S'il s'agit d'un ancrage appliqué à soi-même, il sera discret ;

– **écologique** : l'adjectif est assez curieux. Pour les praticiens de la PNL, il signifie que l'ancrage est conforme au caractère du sujet. Une ancre K peut être inopportune.

Arrêtons-nous un instant sur l'utilisation du mot écologie en PNL.

Le sens classique est l'étude des relations entre les êtres vivants et leur milieu physique et biologique. En PNL, c'est l'observation des conditions objectives de l'environnement d'un sujet et des moyens qu'il utilise pour atteindre ses buts. Il est donc nécessaire d'étudier les modifications apportées sur ce milieu par le sujet et les conséquences, sur le sujet lui-même, de sa propre action.

L'objectif écologique

Un objectif PNL – *goal* en américain – est un résultat anticipé. Il est indispensable d'en connaître la nature. Platon ne faisait-il pas déjà cette recommandation : « Il n'y a pas de vents favorables pour celui qui ne connaît pas son port » ? Pour l'adepte de la PNL, un objectif doit être assorti d'au moins deux conditions :

– être conforme à la nature du sujet, c'est-à-dire spécifique ;
– être vérifiable, donc conforme au réel.

C'est pourquoi tout objectif doit susciter, chez la personne qui le poursuit, quelques questions afin de contrôler s'il y a une harmonie entre les conditions de l'environnement, les moyens et les buts.

– Que se passera-t-il si j'atteins mon objectif ?
– Que se passera-t-il dans le cas contraire ?
– Que vais-je perdre si je ne l'atteins pas ?

En d'autres termes, un objectif est déclaré écologique lorsqu'il a pour finalité de faire acquérir des ressources – dans tous les sens du terme – supplémentaires à l'intéressé. Il s'agit donc de savoir quels seront les avantages et les inconvénients de passer de l'état présent à l'état convoité.

Pour parvenir à cette stratégie de réussite, encore faut-il mettre en œuvre des moyens spécifiques et mobiliser les ressources dont nous disposons. Pour y accéder, il est excellent de nous souvenir des expériences au cours desquelles nous obtînmes de bons résultats.

Associer les ancres

Ancrer un état général de ressources est un des grands moyens d'atteindre nos objectifs. Il est d'ailleurs possible d'en associer plusieurs, ce qui n'est pas incompatible avec la condition de spécificité que nous avons évoqué plus haut.

L'association d'ancres se nomme « collapse ». Elle consiste à stimuler les ancrages correspondant à deux représentations différentes. Leurs effets se conjuguent si elles sont compatibles. Le fait d'anéantir les réactions inadaptées à telle ou telle représentation se nomme « désactivation ».

Prenons un exemple : vous recevez chez vous quelqu'un que vous n'aviez pas vu depuis longtemps et pour qui vous aviez de l'estime et de l'affection. Malheureusement, vous êtes humilié d'être actuellement sans emploi et vous craignez de perdre la face. Mais, comme vous savez que votre invité aimait beaucoup telle œuvre musicale et tel parfum, vous vous arrangez pour que ses sens soient flattés – A (auditif) et O (olfactif) – dès qu'il franchira votre seuil.

Vous associez ainsi des ancres à l'aide de stimulus sensoriels différents. Il est donc probable que votre invité retrouvera instantanément l'atmosphère d'une expérience agréable et éprouvera sans doute des sentiments d'indulgente compréhension à votre égard.

Après avoir abordé l'utilisation des ancres et des états de ressources, il importe maintenant de montrer qu'il faut savoir s'affranchir des contraintes de toute situation, nous voulons dire d'un ensemble de contraintes et de circonstances.

Le recadrage

En PNL, il existe trois sortes de recadrage :
– le recadrage de sens ;
– le recadrage de contexte ;
– le recadrage de processus illustré par la technique du recadrage en six points.

Le recadrage *(reframe* ou *reframing)* est une opération consistant à changer la réponse interne d'un sujet devant un comportement ou une situation en modifiant le sens qu'il lui accorde. En d'autres termes, c'est le changement d'état d'esprit qui permet une nouvelle interprétation positive. Le recadrage n'est pas un ensemble de recommandations mais l'invitation à une nouvelle vision. Les présupposés, ou principes, de la PNL sont des recadrages.

■ Le recadrage de sens

C'est un recadrage de contenu. Il s'agit de donner une signification nouvelle à l'expérience par une nouvelle interprétation de ses manifestations. C'est un procédé qui consiste à proposer une nouvelle signification à une conduite ou à une situation déterminée.

Exemple : vous voyez un facteur entrer dans un immeuble pour y apporter un télégramme. Quelques instants plus tard,

un homme sort de la maison et paraît pressé. Vous vous dites :
« C'est sûrement le destinataire du télégramme. »

Vous apprenez le lendemain que c'était faux. Le télégramme était une bonne nouvelle pour un locataire du troisième étage. L'homme qui sortit précipitamment, et qui est
avocat, était appelé pour un référé.

■ Le recadrage de contexte
(context reframe)

C'est le procédé qui consiste à placer le comportement,
considéré comme aléatoire dans le contexte où il apparaît, dans
un autre plus adéquat.

Dans ce type de recadrage, il s'agit d'envisager une nouvelle
situation dans laquelle le comportement critiqué serait tenu au
contraire pour utile et bien adapté aux circonstances.

La figure linguistique qui se prête à un recadrage de contexte
est la suppression du comparatif. Il est bien certain qu'aucun
comportement n'est à comparer à un autre. Il est vain de recom-
mander à un sujet d'adopter une conduite semblable à celle d'un
autre.

Il est tout aussi stérile d'attendre de quelqu'un la modification d'un comportement qui nous gêne ou nous déplaît fortement. Sans doute est-il donc bien plus utile d'utiliser les côtés
positifs qui existent toujours dans les manières d'agir de telle ou
telle personne.

Il y a deux solutions : ou bien nous cherchons à modifier nos
comportements, ou bien nous nous adaptons à la carte des
autres. Si cela est impossible, il faut créer un nouvel état de choses qui permette à chacun d'être lui-même – ne serait-ce que
provisoirement.

Exemple : imaginez un chef des ventes qui ferait grief à
l'une de ses attachées commerciales de n'être pas aussi élégam-
ment vêtue ni aussi bien maquillée que l'une de ses collègues,
afin de l'inciter à l'imiter. Ce responsable ne tarderait pas à
mesurer l'étendue de sa bévue psychologique.

■ Le recadrage de processus
(process reframe ou *six-step reframe)*

C'est un procédé qui consiste à découvrir de nouveaux moyens pour atteindre un but quand les autres se sont avérés inefficaces. Ce procédé utilise la notion de « parties » *(part)*, c'est-à-dire d'éléments de la personnalité. En matière de PNL, une partie est considérée comme à l'origine de tel ou tel comportement. On peut dire que chaque partie est abordée comme une sub-personnalité. Mais chaque élément de cette personnalité n'évolue pas nécessairement en harmonie avec tous les autres.

Louis Fèvre et Gustave Soto préconisent le recadrage en six points de la manière suivante :

1. Identifier le comportement à changer en recherchant la partie responsable de ce comportement.

2. Entrer en contact avec la partie responsable de telle décision, non réellement souhaitée par le sujet, mais inspirée par l'inconscient.

3. Séparer l'intention positive et le comportement.

4. Entrer en relation avec la partie créative du sujet.

5. Demander à l'intéressé de s'interroger afin de savoir quel comportement il veut vraiment adopter désormais.

6. Vérifier si l'objectif recherché respecte bien l'équilibre de la personnalité et lui fait acquérir des ressources supplémentaires.

Voyons maintenant un exemple de recadrage.
Dressez une liste de ce que vous espérez dans votre vie professionnelle ainsi que celle des obstacles auxquels vous

vous heurtez en terminant par vos intentions de décisions pour remédier à vos difficultés.

Puis établissez des liens entre cette liste et le schéma du recadrage en six points.

Exemple : j'espère obtenir une promotion dans un ou deux ans mais l'un de mes collègues a autant de capacités que moi et il est plus apprécié de nos chefs.

Faut-il que j'acquière de nouvelles connaissances pour ne pas être supplanté ou est-il préférable que je m'évertue à essayer d'obtenir plus d'estime de la part de mes supérieurs par un surcroît de zèle ?

Vous pouvez aussi faire appel à une ou plusieurs tierces personnes pour qu'elles imaginent un recadrage à partir d'une plainte que vous aurez exprimée devant elles.

Rien ne vous empêche de partir du même exemple. Vos auditeurs doivent imaginer plusieurs recadrages possibles.

Les sous-modalités sensorielles

L'un des créateurs de la PNL a toujours affirmé que les sous-modalités sensorielles pouvaient exercer une influence détermi-nante sur nos comportements.

Mais qu'est-ce qu'une sous-modalité ?

C'est une des composantes de l'ensemble des catégories sen-sorielles.

C'est une partie détachable d'une modalité dite VAKO/G (visuel auditif kinesthésique olfactif gustatif). Cette sous-moda-lité a une caractéristique qui lui est propre. On se souvient que VAKO/G est le code utilisé pour noter la structure de toute expérience sensorielle. L'étude des sous-modalités est liée à la représentation que nous nous faisons de tel objectif. Il importe peu ici de savoir quel est notre sens prédominant puisque les images internes nous viendront quel qu'il soit. Ce sont les états de conscience tels que l'espoir ou la crainte qui créeront les sous-modalités sensorielles de nos images internes. Bien entendu, ces sous-modalités correspondent à tel ou tel sens.

▌ Rappel du sens de l'image

En psychologie, le mot image a deux sens. Il désigne la représentation mentale d'une perception antérieure ou la combi-naison d'éléments empruntés à la perception et s'oppose à la perception actuelle de la réalité. Il signifie exemple concret, allégorie ou métaphore et il est antinomique du concept, c'est-à-dire de l'idée abstraite.

Exemple : si l'on se revoit sur la plage avec ses parents lorsque l'on était enfant, c'est une perception antérieure. Si l'on pense à la justice et à la liberté – qui sont des concepts –, il n'y a pas nécessairement de représentation interne.

Pour les philosophes dits empiristes, l'image est une chose distincte de l'objet qu'elle représente et de l'esprit qui la contient. Pour d'autres, l'image est associée à la personnalité. L'image-chose serait une illusion de l'esprit qui veut interpréter toute réalité spirituelle sur le modèle de la matière. Cette idée ne fait pas l'unanimité, loin s'en faut. Il est d'autres spécialistes qui estiment qu'il existe une pensée sans images. Dans ce cas, il est donc impossible de réduire l'esprit à un ensemble d'images.

Il apparaît donc que pour certains psycho-philosophes, l'image n'existe pas comme « conteur de conscience », mais serait une manière pour cette conscience de s'approprier volontairement un objet en l'absence de celui-ci.

La psychologie expérimentale actuelle estime qu'il existe bel et bien conservation de souvenirs-images dans l'inconscient. En d'autres termes, beaucoup d'éminents penseurs estiment que l'esprit ne se réduit pas à une combinaison d'images. L'image ne serait qu'une réalité psychique comprise par rapport à l'ensemble de la personnalité consciente ou inconsciente.

Pour la PNL, ces discussions académiques ne remettent pas en cause les sous-modalités sensorielles. L'un des créateurs de la PNL, Richard Bandler, a établi une sorte de nomenclature que nous nous contenterons de reprendre. Commençons par le sens qui est peut-être le plus complexe de tous : l'ouïe.

▪ Les sous-modalités auditives

Tout le monde a remarqué que certaines personnes sont tonitruantes par nature. Leur voix claironne. D'autres paraissent toujours vous confier un secret intime en parlant sur le ton d'une conversation feutrée. Il va de soi que, lorsque nous nous parlons à nous-même, ce type d'habitudes subsiste. Dans notre chapitre consacré à la typologie des caractères, nous verrons que les dispositions de caractère ont un rapport avec notre voix et l'usage que nous en faisons.

Il faut donc considérer trois choses.

• *L'importance du volume de la voix*. Il est peut-être lié à la vitalité. Tout le monde sait qu'un malade, ou simplement quelqu'un qui souffre, n'a guère envie de chanter à tue-tête. Les chanteurs et les chanteuses ont une capacité pulmonaire plus importante que la moyenne.

• *La sonorité*. Il est prouvé scientifiquement que personne ne prononce un mot de la même façon. La même œuvre jouée au violon ou au piano par des interprètes différents aura une coloration différente. En somme, chacun des sons que nous émettons en parlant, ou chacune des notes chantées, possède un timbre qui lui est particulier.

• *La hauteur du son*. Toute note se situe à un niveau qui correspond à un certain nombre de variations. Le la du diapason est à 440. Le la à l'octave supérieur sera évidemment plus aigu.

Faites l'expérience en rentrant en vous-même. Vous verrez que votre monologue intérieur s'exprime avec les mêmes caractéristiques que celles du son : vous vous sentez enclin à adopter une tonalité grave et sentencieuse ou au contraire aigre et véhémente, comme si elle était revendicative.

Si vous avez reçu une formation de base au cours de laquelle l'oreille a été éduquée, il est évident que l'acquis en expériences auditives sera plus riche. L'évocation d'un souvenir provoquera plus souvent que chez quelqu'un d'autre le déclenchement d'une donnée auditive difficilement transmissible.

■ Les sous-modalités kinesthésiques

Comme l'adjectif l'indique, elles concernent les sensations corporelles issues du toucher. Ces sous-modalités peuvent être associées aux deux précédentes et sont assorties de plusieurs attributs. Il importe, en effet, de savoir que toute sensation tactile s'exerce en un endroit précis. L'émotion diffère suivant le degré d'innervation de l'organe. Il suffit de placer sa main sur certaines zones pour constater que tel geste a telle ou telle signification, tel ou tel résultat. Un homme qui met sa main sur l'épaule d'un autre exprime un sentiment qui peut être de l'amitié ou de la condescendance. Celui qui prend la main en l'enfermant entre les siennes manifeste affection ou compassion, etc. Il va de soi que tout geste peut être plus ou moins fugitif ou insistant, sans parler du fait que le contact des épidermes provoque des émotions plus ou moins intenses.

Mais peut-être êtes-vous en train de vous demander à quoi servent ces considérations sur les sous-modalités sensorielles. La réponse est simple. D'abord, à mieux comprendre les objectifs d'un interlocuteur en imaginant la ou les scènes qui se rapportent à ces objectifs. C'est grâce à cette représentation interne que vous entrerez en contact avec ce que nous avons dénommé sous-représentations sensorielles. Vos images seront plus ou moins floues. Pensez à un tableau de Monet ou de Pissarro ou à ceux de Poussin ou de Watteau pour avoir quelque idée de ce que nous disons. Les premiers ont quelque chose de vaguement évocateur tandis que les autres offrent un luxe de détails précis.

Par ailleurs, il est possible que vous soyez présent dans l'image qui apparaît au fond de votre conscience, ou que vous en soyez absent. Dans le premier cas, on dit qu'il s'agit d'une image dissociée. Si, au contraire, le sujet ne se voit pas tout en sachant qu'il est présent, on dit que la personne est associée.

Nous venons de dire que vous comprendrez mieux les buts d'une personne connue de vous en essayant de les visualiser, mais vous avez tout intérêt à faire de même pour vos propres buts.

Voici donc un exercice qu'il ne faut pas tarder à appliquer. Tout le monde a plusieurs objectifs. Il ne sont vraiment clairs – et donc plus accessibles – que dans la mesure où l'on a pu voir par la pensée les scènes enfin réalisées.

Exemple : vous avez depuis longtemps l'intention de faire une conférence sur un sujet qui vous est cher, mais vous ne savez pas trop comment vous y prendre et n'avez pas réussi à choisir une salle. Essayez donc de voir celle qui vous conviendrait, les accessoires éventuels dont vous auriez besoin pour cette conférence, ainsi que la ou les personnes qui pourraient vous assister à la tribune.

Autre exemple : imaginez maintenant que vous ayez besoin d'acquérir une formation professionnelle tout en gardant votre emploi actuel. Il est évident que votre vie personnelle et celle de vos proches en sera perturbée. Sachez bien que vous ne réussirez à vous imposer cet effort avec toutes chances de succès que si vous avez, au préalable, vu – ce qui s'appelle vu – les différentes situations dans lesquelles vous vous trouverez.

En ayant fait ces deux expériences, vous comprendrez pourquoi nous vous avons parlé des représentations sensorielles. Plus vos images seront nettes et plus vous percevrez les émotions associées aux perceptions.

■ Les images négatives

Exemple : vous avez régulièrement des réunions de travail avec un directeur du marketing et avez la certitude qu'il ne manquera pas une occasion de vous mettre en difficulté devant vos collègues. Il cherche peut-être – tout au moins, le pensez-vous – à vous acculer à la démission. La veille du jour de la réunion hebdomadaire, vous êtes inquiet et vous vous demandez si vous n'allez pas perdre vos moyens lorsque ce sera votre tour d'exposer vos résultats.

Expérimentez le procédé suivant qui découle de ce que nous avons dit antérieurement :

1. Essayez d'imaginer la future scène en la visualisant. Mais attention ! Ne vous contentez pas d'une image vague. Voyez intérieurement tout ce qui a trait à ladite réunion : l'éclairement, la place des participants, le costume de votre directeur, sa façon de vous regarder, l'attitude de vos collègues.

2. Pensez maintenant au timbre de la voix de votre supérieur ainsi qu'à sa façon, lente ou volubile, de parler.

3. Enfin, essayez de vous souvenir quels effets ce genre de situations provoque chez vous. Nous parlons de sensations internes et des mécanismes déclenchés par l'émotion tels que l'accélération des battements cardiaques et la sudation des mains.

Établissez une hiérarchie d'importance entre tous ces phénomènes et essayez de découvrir celui qui domine. Savez-vous maintenant ce que vous avez de bonnes chances de décoder ? Vous aviez tout simplement amplifié l'influence de ce directeur sur votre attitude et votre comportement.

Au fond de vous-même, il y avait une hostilité sourde à l'égard de cet homme à qui vous attribuiez de la malveillance. Vous aviez ce que la PNL désigne sous le nom de croyance, c'est-à-dire un préjugé, un *a priori* fondé sur des impressions. Efforcez-vous d'amoindrir chacune des sous-modalités sensorielles. Quel serait le regard de votre directeur en face d'un lion ou d'un champion de boxe ? A-t-il la même voix quand il est au fond de son lit avec une angine ?

Êtes-vous sûr que l'on puisse vous faire le moindre reproche sur votre façon de vous exprimer ? Pourquoi donnez-vous de l'importance au fait que votre cœur bat un peu plus vite quand vous êtes en train de faire votre court exposé ? D'ailleurs, quelle importance cela a-t-il ?

Vous ne tarderez pas à vous apercevoir que le fait de réduire à rien les effets d'une situation désagréable après l'avoir imaginée contribuera efficacement à les détruire définitivement.

Maintenant, nous allons faire une pause afin de préciser, sous une forme synthétique, ce que nous avons vu jusqu'à présent.

Lorsque l'on grimpe un escalier, il faut des paliers, considérez que cette étape en est un.

TROISIÈME PARTIE

CLASSIFICATION DES APTITUDES ET DES TRAITS DE CARACTÈRE

Éléments de caractérologie

Les pratiques de la PNL ne peuvent que gagner en efficacité si elles sont appliquées par des personnes aptes à déceler des aptitudes et des traits de caractère, et tout adepte des techniques de la PNL trouvera un grand bénéfice à déterminer rapidement le type de personnes avec ou sur lesquelles il travaille.

Des chercheurs éminents ont créé des typologies, qui n'ont pas manqué de susciter les quolibets de personnes fort ignorantes. Tout le monde sait très bien que chacun d'entre nous est génétiquement unique, mais qu'il se rattache à des groupes ou à des ensembles qui ont des caractères communs.

Il y a des classes dans le règne végétal et dans le règne animal. Il en existe aussi chez les humains. Que la réduction d'un ensemble de traits de caractère à un schéma soit chose aventurée est une affaire entendue. Il reste que la caractérologie à base de propriétés est très enrichissante pour celui qui le connaît. Il y aurait beaucoup moins d'erreurs d'orientation professionnelle si ces propriétés étaient mieux connues. Les drames du cadre qui a plus ou moins échoué dans sa branche seraient bien moins nombreux s'il avait eu la chance de rencontrer un caractérologue vers l'âge de dix-huit ans.

Mais comme le mouvement se prouve en marchant, nous allons dès maintenant initier nos lecteurs aux typologies. Dès qu'elles seront bien comprises et assimilées – car il n'est pas question de se borner à retenir une nomenclature ou quelques abréviations –, il conviendra d'établir des rapprochements entre elles grâce à quoi les convergences apparaîtront.

Commençons par une classification que nous tenons pour fort pertinente. Elle est due aux travaux de feu Madame Favez-Boutonnier qui fut professeur en Sorbonne.

▨ Les défaillances de la volonté

C'est le titre de l'ouvrage de ce professeur. Madame Favez-Boutonnier y étudie la force et la faiblesse du *sur-moi* ainsi que les rapports qu'il a avec le *moi*. Ces deux termes sont freudiens. Il importe avant tout de les définir. Le *moi* est un terme psychanalytique qui désigne le psychisme conscient d'un sujet. Il sert de lien entre le *ça* qui représente les pulsions de l'instinct et le *sur-moi* constitué par les contraintes sociales et les interdits de l'éducation.

Selon Freud, le *moi* relie l'inconscient aux stimulations extérieures et se modèle en fonction des influences du milieu. Le sujet équilibré concilie ses impulsions avec les usages et les lois. Celui qui ne l'est pas n'y parvient pas. Madame Boutonnier n'a pas étudié les différents types de volonté mais ses perturbations.

Les remarques de l'auteur sont de deux ordres :

– l'étude d'une tendance maladive permet de connaître les caractères de cette tendance chez quelqu'un de normal ;

– même chez les sujets équilibrés, l'exercice de la volonté connaît des variations en raison des circonstances qu'ils traversent.

Disons d'emblée que la typologie que nous allons exposer fait partie de la caractérologie des propriétés.

Voici donc les trois grands groupes qu'a dégagés Madame Boutonnier, à partir d'un conflit entre le *moi* et le *sur-moi* que nous avons définis plus haut.

Les dépendants

Ce sont des êtres qui ne peuvent s'affranchir des liens qui les unissent à leur famille et, d'une façon générale, qui se placent toujours en état de subordination par rapport à d'autres personnes.

Qui d'entre nous n'en a connu ? Les personnes qui n'ont aucune initiative ou dont la servilité est visible dans leur façon d'être et d'agir sont des dépendants. Remarquez bien qu'ils peuvent être très actifs et sont souvent de très bonne volonté. Leur docilité est très agréable pour celui qui aime avoir des personnes dévouées autour de lui.

Mais comme le cœur humain est d'une grande complexité, il existe plusieurs sous-groupes à l'intérieur de cette grande catégorie.

Les soumis

Leur personnalité ne parvient guère à se réaliser parce qu'ils sont comme tenus en laisse par leur famille et surtout par l'influence qu'elle a eue sur eux.

Les soumis sont incapables d'avoir d'autres idées que celles qui leur ont été inculquées.

Les révoltés

Nous voici en présence de personnes bel et bien dépendantes en dépit des apparences. Combattre quelqu'un ou quelque chose est encore une façon d'en dépendre.

Le fait de vouloir systématiquement faire le contraire de ce que prescrit celui qui détient l'autorité sur nous est un mode de dépendance.

Notre époque abonde en révoltés de toutes sortes. Ils pensent affirmer leur personnalité par l'attitude systématiquement contraire à ce qu'on attend d'eux ou par des actes d'opposition. Ce sont des dépendants.

Les obéissants révoltés

Ce sont des sujets qui passent par des alternances de soumission et de révolte. Les phénomènes de ce genre peuvent correspondre à des tranches d'âge ou bien se succéder à tout âge.

Nous voulons dire que ces sujets peuvent être des personnes insubordonnées et revendicatrices durant leur jeunesse et devenir d'un conformisme très incolore lorsqu'ils parviennent à l'âge mûr.

N'a-t-on pas vu des anarchistes de vingt ans devenir des fonctionnaires très serviles et très courtisans après la trentaine ?

Les révoltés verbaux

Partout où l'on passe, on rencontre des personnages parfois hauts en couleur dont on a l'impression qu'ils vont vous manger tout cru. Ils s'indignent de tout et de rien, mais il est vite patent que ces révoltés verbaux font tout ce qui leur est demandé.

Les forçats du vouloir

Cette simple dénomination pourrait laisser croire qu'il s'agit de personnes d'une puissante volonté mais il n'en est rien. En littérature, il existe un exemple fameux : Honoré de Balzac. Ce grand écrivain a dépendu toute sa vie de femmes fortunées auxquelles il ne cessa d'emprunter de l'argent. Comme il était prodigue, il en manquait toujours et était donc tenu à un travail de forçat, jour et nuit, pour faire face aux exigences de ses éditeurs et de ses créanciers. Il va de soi que ce type de personnage peut être rencontré en d'autres milieux que celui de la littérature. Bien des agents de commerce n'agissent avec énergie que parce qu'ils sont poussés par leur responsable hiérarchique ou simplement pour atteindre le quota exigé.

Les inhibés

Disons un mot sur l'inhibition. C'est un frein dans le comportement. Les contraintes sociales nous invitent à être un peu inhibé. Si nous le sommes trop, notre activité est gênée et notre conduite gauche.

Une personne extravertie est moins inhibée qu'une introvertie.

Les idéalistes

Ces personnages estiment toujours que les meilleures conditions ne sont pas réunies pour agir. Ils invoquent un idéal le plus souvent chimérique pour différer ou éviter une action.

Leur idéalisme est sincère mais il est à base de leurs inhibitions.

Les logiciens

Nous sommes en présence d'êtres qui vont de supputation en supputation avant d'entreprendre quoi que ce soit. Ils font des calculs, établissent des graphiques, élaborent des plans pour aboutir à une conclusion d'où ils sortiront des arguments pour éviter l'action.

Le logicien a souvent des raisonnements d'apparence irréfutable. Lui-même est séduit par leur qualité. Il y a chez lui un goût du système et des structures bien agencées mais pour n'aboutir à rien.

Les pessimistes

Il s'agit en ce cas de personnes pour qui tout est vain. Elles craignent l'inutilité ou le danger de toute action. Leurs points de vue sont négatifs et fondés beaucoup plus sur des sentiments que sur des raisonnements. Ces personnes ont la bile noire et ne manquent pas d'arguments pour exprimer leur scepticisme.

Inutile de dire que ce n'est pas dans leurs rangs que l'on trouve des créateurs ! Il est douteux que ces personnes découvr.. .at les côtés positifs de la formation PNL.

Les prisonniers volontaires

La description que nous allons en faire vous en fera découvrir autour de vous. Ce sont des personnes qui se créent des obstacles et des difficultés afin de justifier leur renonciation à l'action. Ils s'évertuent à se trouver dans des conditions insurmontables pour éviter tout engagement.

Les ironistes

Cette catégorie est largement représentée dans la population. Ce sont des êtres qui se réfugient dans des paroles de scepticisme ou de dérision pour ne pas avoir à prendre parti. C'est la dérobade permanente. Il est impossible de parler sérieusement avec eux. Ils fuient toute prise de position et affectent la légèreté. Ne comptons pas trop sur ces gens-là.

Les ennemis du temps

Il y a deux aspects dans ce type de comportement. Il peut s'agir de quelqu'un qui laisse le temps s'écouler comme s'il ne passait pas et s'arrêtait pour lui. Ce peut être au contraire un sujet affairé qui semble n'avoir jamais le temps de rien faire comme si les heures passaient plus vite pour lui que pour les autres. Dans les deux cas, la ponctualité est sérieusement malmenée. L'un arrive en retard par indolence et l'autre parce qu'il s'agite de tous côtés.

Les déréglés

Les passionnés du vouloir

Ce sont des êtres qui paraissent audacieux et fonceurs. Il y a beaucoup de vanité en eux et ils ne connaissent pas l'inhibition. Sûrs d'eux-mêmes, ils prennent des décisions qu'ils considèrent comme les seules efficaces. S'ils ont des responsabilités hiérarchiques, la concertation n'est pas leur fort. Il arrive que leur absence de prudence les conduise au succès et ces sujets sont alors persuadés que la réussite est due à la qualité de leur jugement.

On trouve ce type de personnages chez les militaires ou chez certains hommes d'affaires.

Les chimériques

Dans le domaine de la recherche scientifique ou historique, il est possible de rencontrer ce genre de personnages. L'important pour le chimérique est d'être persuadé qu'il agit en fonction d'un idéal. La volonté n'a pas de prise sur la réalité. Pourtant, le chimérique peut être très actif mais dans des domaines dont il est, en quelque sorte, détaché alors qu'il est très impliqué dans d'autres où il ne cherche nullement à être efficace. C'est le cas fréquent des personnages qui ont un violon d'Ingres pour lequel elles sont capables de s'engager à fond tout en exerçant des tâches quotidiennes contraignantes qui ne les intéressent guère.

Les inconstants

Là encore, nous découvrons une défaillance de la volonté. Il s'agit en effet de personnes dont les centres d'intérêts et les goûts varient fréquemment. Elles ont des engouements pour des activités diverses et s'en lassent rapidement. En d'autres termes, il n'y a nulle persévérance dans l'action. Il va sans dire que l'échec est la conséquence naturelle de cette conduite.

Il y a des volontés négatives. Ce sont celles qui se crispent chez l'individu dont l'assurance est plus apparente que réelle. Ils doutent inconsciemment d'eux-mêmes et deviennent rigides et intraitables. Il y a des magistrats de ce type. Asservis à leur volonté, les incorruptibles aiment bien se donner l'allure de personnes droites alors qu'elles ne sont que raides.

Il est bien entendu que les types caractérologiques que nous venons de présenter sont des victimes du conflit entre les aspirations de leur personnalité et les contraintes de la vie sociale ayant abouti à une défaillance de la volonté et donc à une relative inadaptation à la vie en commun.

Rappelons encore une fois qu'aucune typologie ne doit être divinisée. Elle est une indication précieuse mais rien de plus. L'important est de connaître d'autres classifications.

▨ La caractérologie de Malapert

Ce psychologue fit l'étude de quatre propriétés : la sensibilité, l'intelligence, l'activité et la volonté.

Chacune de ces composantes du caractère est plus ou moins présente suivant les différents types.

Sensibilité	les apathiques ; les sensitifs ; les émotifs ; les passionnés
Intelligence	les analystes ; les critiques ; les réfléchis-pondérés ; les spéculatifs
Activité	les inactifs ; les actifs ; les réagissants
Volonté	les abouliques-routiniers ; les velléitaires ; les grands volontaires

Le lecteur voudra bien remarquer que la hiérarchie des types est d'importance croissante. Ils se combinent en un tout que Malapert présenta sous la forme du tableau suivant :

Apathiques	apathiques inertes et bornés ; apathiques calculateurs ; apathiques lents et pondérés
Affectifs	sensitifs vifs ou passifs ; émotifs mélancoliques ; émotifs impulsifs ; passionnés
Intellectuels	dilettantes ; passionnés ; spéculatifs
Actifs	actifs médiocres ; agités ; grands actifs
Tempérés	amorphes ; équilibrés supérieurs
Volontaires	maîtres de soi ; hommes d'action

Nous retrouverons ces types dans une autre étude, parfois sous d'autres dénominations et avec des propriétés différentes. Remarquons en passant que Malapert eut tort d'associer l'émotivité et la sensibilité qui ne sont pas nécessairement associées chez une personne. Quant à l'intelligence, ses formes sont variées et ne peuvent être limitées aux capacités à l'abstraction comme a semblé le faire Malapert.

▓ Le système de Le Senne

Ce professeur d'université (1882-1954) s'est intéressé aux travaux de l'école hollandaise de Groningue dirigée par Heymans et Wiersma, ainsi qu'à ceux du psychiatre allemand Otto Gross. L'œuvre majeure de Le Senne est intitulée *Traité de caractérologie* (PUF). Ce livre applique la méthode dite des propriétés mais ne prétend pas en expliquer les origines.

Les composantes

Ces trois propriétés générales sont : l'émotivité, l'activité et le retentissement des représentations. Chaque propriété varie en importance : un homme peut posséder ladite propriété à un haut degré ou bien à un degré inférieur.

L'émotivité

Tous les physiologistes et les médecins connaissent l'importance de ce phénomène très complexe qu'est l'émotion. S'il est vrai que les animaux supérieurs tels que les mammifères sont capables d'émotion, l'homme a le privilège d'en tirer parti pour bon nombre de ses créations artistiques ou autres.

Mais chacun de nous est plus ou moins émotif. Cet état est certainement lié à la nature du système nerveux qui, lui-même, connaît des ébranlements plus ou moins profonds au cours de l'existence.

L'activité

Nous sommes plus ou moins actifs. Il y a des indolents et des travailleurs acharnés. Le Senne a cependant beaucoup insisté sur le fait que l'inactif – selon sa terminologie – n'est pas un paresseux mais celui qui entend choisir sa tâche et ne faire que ce qui convient à sa nature.

Pour Le Senne : « Est un actif l'homme pour lequel l'émergence d'un obstacle renforce l'action dépensée par lui dans la direction que l'obstacle vient couper ; et un inactif celui que l'obstacle décourage. »

Il faut donc bien comprendre qu'un inactif – selon cette typologie – est capable de travailler douze heures par jour si ce qu'il fait lui plaît.

Le retentissement

Cette composante est la plus importante des trois. Elle concerne la façon plus ou moins rapide avec laquelle nous réagissons devant une parole, un fait ou un événement. Observez les participants à une réunion ou les élèves d'une classe. Certains ont des réponses et des réactions spontanées et vives ; d'autres attendent un instant ou des heures, voire des mois.

C'est pourquoi Otto Gross, dans la thèse qu'il écrivit vers 1904, divisa les individus en deux groupes : les Primaires qui réagissent sur le champ et oublient vite ; les Secondaires qui sont plus lents mais qui gardent longtemps l'écho de ce qu'ils ont vécu, vu ou entendu.

Les Primaires sont des extravertis, c'est-à-dire des êtres tournés vers le monde, les êtres et les choses. Ils aiment les échanges et ce sont des actifs.

Les Secondaires sont introvertis et donc repliés sur eux-mêmes. Ils sont lents à prendre des décisions et tout ce qu'ils ont connu les marque profondément. Ils manquent d'élan vers autrui mais sont plus profonds que les Primaires. Il y a des Secondaires actifs et d'autres non actifs.

Le Senne a créé une typologie de huit caractères principaux à partir de ces trois composantes.

1. Émotif non actif Primaire (ENAP ou Nerveux).

2. Émotif non actif Secondaire (ENAS ou Sentimental).

3. Émotif actif Primaire (EAP ou Actif exubérant colérique).

4. Émotif actif Secondaire (EAS ou Passionné).

5. Non Émotif actif Primaire (NEAP ou Réaliste).

6. Non Émotif actif Secondaire (NEAS ou Flegmatique).

7. Non Émotif non actif Primaire (NENAP ou Nonchalant).

8. Non Émotif non actif Secondaire (NENAS ou Apathique).

Mais retenir ces appellations n'a de sens que si l'on connaît bien ce qu'elles recouvrent.

La typologie des caractères

L'ENAP (le nerveux cérébral)

Il a besoin de surprendre et de heurter tant il aime à se faire remarquer. Si vous avez affaire à un être original qui se signale par ses réparties et donne de l'importance à des frivolités, c'est probablement un ENAP.

Son humeur est variable et ses sympathies peu durables. Il a fait souffrir ses parents durant l'adolescence et il aime beaucoup être grisé avec n'importe quoi… Il aime les divertissements par-dessus tout. C'est un jaloux et un envieux. Il est attiré par des personnes qui le repousseront et il fuit celles qui lui sont favorables.

L'ENAS (le sentimental)

Profond et renfermé, il a des difficultés à s'adapter à tous les milieux et aux autres caractères. Il se croit incompris ou persécuté. Il se montre scrupuleux mais peu généreux, un peu susceptible mais docile. En PNL, vous pouvez attendre beaucoup de lui à condition de ne pas froisser son amour-propre. Il recherche l'intimité.

L'EAP (le colérique actif sanguin)

C'est un être cordial, chaleureux et ouvert. Il ne comprend rien aux personnes taciturnes. Très travailleur et enthousiaste, il a bien peu d'aptitudes à la perspicacité psychologique bien qu'il soit sûr du contraire. C'est un « gaffeur » qui met du sentiment et de la passion partout.

Il collabore avec gaieté. Il n'aime ni les dogmes ni les doctrines, c'est un libéral et un homme d'action.

L'EAS (le passionné musculaire)

Ce passionné peut parfois être un amateur de tout ce qui est beau, soit dans le langage ou les formes, soit dans l'art. Sa sagacité psychologique est de très bonne qualité. Il possède souvent un sens religieux. Son souci permanent est la réalisation de ses buts car il est fort ambitieux.

Le NEAP (le réaliste sanguin)

Personnage très affable dans les échanges sociaux mais sur qui il est vain de compter en cas d'ennuis, c'est un travailleur acharné et dépourvu de sensibilité. Il observe très bien les choses et très mal les êtres. Il n'est soucieux que de sa propre réussite. Le praticien aura beaucoup de satisfaction avec lui !

Le NEAS (le flegmatique musculaire)

C'est un être impassible et foncièrement honnête. Il a une perspicacité psychologique de première force. Totalement dépourvu d'élan à l'égard de tout le monde, il applique strictement ce qui lui est prescrit. C'est un excellent collaborateur pour les exercices PNL mais il ne faut en attendre ni effusion ni ferveur.

Le NENAP (le nonchalant lymphatique)

Ce vaniteux amateur de bonne chère est physiquement très courageux. La bagarre lui fait moins peur que le travail et il n'a aucun intérêt pour tout aspect de la spiritualité. Assez peu compatissant, il recherche avant tout son bien-être.

Le NENAS (l'apathique lymphatique)

Personnage très honnête mais indifférent à ce qui l'entoure, il ne s'intéresse à rien et n'a aucune vie intérieure. Toutes les impressions qu'il reçoit laissent des traces profondes en lui. Il est irréconciliable.

Ce magnifique travail ne suffit pourtant pas – loin s'en faut – à bien connaître notre prochain. L'un des collègues de René Le Senne, universitaire lui aussi, a beaucoup enrichi cette caractérologie. Nous en donnons ici un résumé. Le lecteur voudra bien considérer cette étude comme aussi importante et aussi révélatrice que la précédente. Elle est due à Gaston Berger (1896-1960).

▓ L'analyse du caractère

L'ampleur du champ de conscience

Chacun d'entre nous a un certain nombre, plus ou moins grand, de représentations dans l'esprit, à un moment donné. Certaines personnes sont braquées et tendues sur une seule. D'autres entourent toujours d'un large halo ce qui occupe leur pensée.

Cette notion d'ampleur du champ de conscience est lourde de conséquences. C'est une erreur de s'en priver pour les orientations professionnelles.

L'étroit est un être strict à tout point de vue. Il préfère s'habiller de façon ajustée. Il aime le détail et les précisions. Il est très ponctuel. Pour qu'il réussisse dans un métier, il vaut mieux que celui-ci comporte un besoin d'aller de plus en plus loin dans l'analyse. Devenir traducteur, juriste, biologiste, bijoutier, convient à l'étroit de sa conscience. Il aime tout ce qui est carré et structuré. La musique classique – s'il en est amateur – lui plaît beaucoup.

Le large est un romantique. Il aime les vêtements plutôt amples. Son esprit est attiré par ce qui est général et global. Il est souple à tout point de vue et il peut faire preuve d'indulgence. Metteur en scène, architecte, attaché commercial sont des métiers qui peuvent lui convenir.

Cette question d'ampleur du champ de conscience va loin et prend un relief particulier dans les rapports humains et surtout hiérarchiques.

Le large qui s'adresse à un étroit trouvera toujours qu'il faut lui mettre les points sur les i et lui reprochera de ne pas comprendre vite, d'avoir besoin de trop d'explications. L'étroit reprochera au large d'être flou et vague dans tout ce qu'il demande.

Vous souvenez-vous de ce que la PNL désigne sous le nom de *In time* ? Nous sommes ici au cœur même de la question.

Un autre facteur dit de tendance mérite d'être signalé. C'est le besoin d'acquérir des objets et de les conserver. C'est cette espèce d'appétence qui consiste à vouloir faire entrer en soi le monde extérieur et le transformer en sa propre substance.

L'avidité

Elle peut prendre plusieurs formes : celle de l'argent, celle de la puissance et celle du savoir. Mais quelle qu'elle soit, elle est inévitablement source d'insatisfaction puisque toute avidité est, par nature, insatiable.

Quelle personne très fortunée décide un beau jour de ne plus faire fructifier son argent ? Quel homme d'état assoiffé de pouvoir cherche à amoindrir sa puissance ? Quel spécialiste très cultivé prend la résolution de ne plus rien apprendre ?

L'avidité est un trait de caractère très important et très intéressant à déceler. Le participant à des exercices de PNL cherchera toujours à en savoir plus que les autres s'il est avide et n'aura aucune envie de partager le fruit des explications recueillies.

Le lecteur voudra bien remarquer combien il est fréquent de voir des avidités multiformes chez le même individu. Les personnes avides ont soif d'argent, d'honneur, d'affection et d'influence. Ce trait de caractère est un puissant stimulant de réussite mais une inépuisable source de frustrations.

Voyons maintenant un autre facteur déterminant du caractère.

La tendresse

Peut-on dire que ce mot est synonyme de bonté ? Disons tout de suite fermement non. La tendresse fait partie de la sensibilité. Elle est également liée à la sexualité. Une tendresse forte, dit Berger, n'est jamais accompagnée par l'indifférence sexuelle. Mais soulignons une fois encore qu'une personne de grande bonté – c'est-à-dire qui évite soigneusement de faire souffrir autrui par ses paroles ou actions – peut très bien n'être pas tendre. Une personne tendre qui n'oserait pas faire une piqûre ni donner une fessée à un gamin et encore moins rudoyer un animal, peut très bien commettre des actes méchants. Si l'avidité est intense, la tendresse est transformée en hargne.

Notons à ce propos que la tendresse n'est pas liée à l'émotivité. Nous avions déjà signalé que la sensibilité n'habite pas nécessairement le cœur d'un émotif. Victor Hugo était un tendre. Robespierre – émotif non actif secondaire – ne l'était pas. Rousseau qui, lui aussi, était le sentimental de René Le Senne, était tendre. L'excellent homme mais insensible que fut La Fontaine était non tendre. Ne croyez surtout pas qu'une personne qui pleure devant une scène triste d'un film soit bonne et charitable. Elle n'est peut-être que tendre.

Les intérêts sensoriels

Là encore, gageons que cette composante des caractères n'est jamais et nulle part prise en compte pour conseiller un jeune qui cherche sa voie. Certaines personnes éprouvent une satisfaction à caresser un objet doux comme une fourrure ou un velours. D'autres sont grisées par le parfum et souffrent réellement à cause d'une odeur nauséabonde. Un certain nombre aiment écouter les sons harmonieux d'un instrument ou d'une voix humaine. La PNL connaît bien ce domaine et chaque lecteur se souvient du sens de VAKO/G.

Quelques autres apprécient hautement les vins et la bonne chère. Comment ne pas voir que ces acuités sensorielles préparent le terrain à certains métiers plutôt qu'à d'autres ?

Le visuel peut embrasser les carrières où il faut aimer et bien distinguer les couleurs. Ce genre de professions existe dans les textiles, les laines, les tissus d'ameublement, la décoration, etc.

Celui dont l'odorat est expert peut trouver des fonctions dans les parfums ou l'œnologie. Les ingénieurs du son, les musiciens seront recrutés de préférence chez ceux dont l'ouïe ne demande qu'à travailler. Quant aux personnes dont les papilles gustatives sont particulièrement sensibles, elles n'ont que l'embarras du choix : l'œnologie là encore et tous les métiers de la cuisine ou de la pâtisserie.

Essayons donc maintenant d'établir des rapprochements entre la typologie et les autres facteurs de tendance.

Une autre approche utile en PNL

ENAP (nerveux cérébral) : humeur changeante. Aime les grands chiens ou les chevaux. Extraverti et original. Recherche toutes sortes de griseries. Caractère déroutant.

Souvent tendre mais superficiel et oublieux. Souvent dépendant ou inhibé. Bien des ironistes se rencontrent dans cette catégorie.

ENAS (sentimental) : très réservé et même secret. Souvent nerveux, psychasthénique et donc enclin à la délectation des tristesses. Scrupuleux et consciencieux.

Peut faire partie des dépendants soumis ou des inhibés pessimistes ou idéalistes.

EAP (colérique, exubérant) : très extraverti. Tonique. Sujet aux dépressions malgré une apparente joie de vivre. On trouve des forçats du devoir parmi les EAP, donc des dépendants, malgré leur faconde et leur aplomb. Les révoltés verbaux peuvent aussi être des EAP.

EAS (passionné musculaire) : personnage ambitieux et orgueilleux. Il aime à poursuivre un but. C'est souvent un amateur de beau langage ou de belles manières. Un praticien de la PNL peut obtenir d'excellents résultats avec lui surtout s'il le prend très au sérieux. Rarement tendre. C'est dans cette catégorie que l'on trouve des incorruptibles.

NEAP (réaliste sanguin) : il ne se met en colère contre personne et penchera toujours du côté de celui qui a le pouvoir ou qui peut aider sa réussite. C'est le collaborateur idéal mais ce n'est pas le plus beau caractère. Il est très content de lui. Jamais il ne contestera ce que recommandent les animateurs d'un « séminaire ». Il est opportuniste et un peu vantard. Son désir de gloire et d'être totalement intégré partout est très vif.

NEAS (flegmatique musculaire) : rarement tendre. Très honnête pour les affaires d'argent et très perspicace en matière de psychologie. On peut trouver des pessimistes et des logiciens parmi les NEAS. Les flegmatiques respectent les conventions et les lois. Ce sont le plus souvent des étroits de conscience.

NENAP (nonchalant lymphatique) : c'est l'hédoniste ou, si l'on préfère, un adepte de la philosophie des plaisirs. Il faut le secouer pour qu'il se passionne ou même s'intéresse à quelque chose. Chez lui, ce sont les sensations qui dominent, surtout celles du palais ! C'est un large de conscience assez libéral.

NENAS (apathique lymphatique) : nous voici en présence d'un être que l'on ne rencontre pas fréquemment en France. C'est l'indifférent indolent. Paresseux comme un loup, il ne manifeste aucune impatience. Il ne cherche pas à se faire des amis mais ne se fait guère d'ennemis tant il est dépourvu d'agressivité. Si on parvient à le sortir de sa torpeur, on peut obtenir d'assez bons résultats !

Maintenant que vous connaissez la caractérologie, il faut vous mettre en garde contre toute conception trop figée des individus. S'il est vrai qu'un Primaire le restera toute sa vie, de même qu'un Secondaire, il n'en reste pas moins qu'une personnalité peut évoluer. C'est pourquoi la caractérologie fait place de plus en plus à ce que les spécialistes dénomment la « personnologie ». Celle-ci abandonne toute idée de caractère inné parce que nous subissons des influences profondes tout au long de notre vie.

Toutefois, rappelons que notre structure personnelle est d'abord façonnée par notre patrimoine génétique ; viennent ensuite les sub-structures sociologique et affective-infantile dont les appellations sont assez claires pour ne pas rendre nécessaire une explication. Enfin, chacun sait que notre vie psychique est marquée par la sub-structure culturelle. Ainsi donc, notre personnalité ne peut pas être définie par l'appartenance immobile à une catégorie. Les circonstances que nous avons vécues impriment une coloration très importante sur notre conduite.

Il reste que la notion de retentissement dont nous vous avons parlé doit vous avoir singulièrement éclairé sur le comportement de vos proches ou de vos connaissances. Les couples ou les enseignants qui connaissent cette question ne doivent plus être agacés par les impulsivités du Primaire ni par les silences butés du Secondaire. Ce dernier est un être épris d'habitudes. Le Primaire oublie les bons et les mauvais moments...

Une incursion vers la thérapeutique ?

Résumons d'abord les buts apparents de la PNL en quelques phrases :

– **éduquer** le cerveau – ce qui est d'ailleurs le but de tout enseignement, cette expression étant des plus vagues ;

– **déceler** les capacités de ceux qui ont réussi dans leur domaine afin d'en tirer parti ;

– **développer** la qualité des rapports humains, ce qui est la finalité de la morale et, en partie, de la religion ;

– **aider** les autres à résoudre leurs conflits, ce qui est un aspect de l'amour du prochain ;

– **parvenir** à faire l'unité en soi et améliorer ses qualités de communicateur pour mieux réussir dans la vie professionnelle ;

– **aider** les autres à maîtriser leurs émotions et apprendre à maîtriser les nôtres.

Chacun sait que l'homme équilibré tempère les outrances sentimentales ou passionnelles, aussi bien les siennes que celles des autres.

Mais l'ambition de la PNL ne s'arrête pas là. Les maîtres praticiens estiment qu'elle peut être mise au service des soignants, bien que n'étant pas une méthode thérapeutique.

Écoutons plutôt ce que disent les meilleurs spécialistes de cette question.

« La PNL est l'étude de l'expérience subjective de l'être humain. Elle s'est donc intéressée à la manière dont nous organisons nos comportements, nos "cartes" mentales qui les organisent en stratégies et capacités plus vastes, nos valeurs et croyances qui soutiennent ces capacités…

« De cette approche de modélisation qui est le cœur de la PNL sont nés des modèles : modèles de communication, de négociation, d'apprentissage et également modèles thérapeutiques.

« Ces modèles sont donc des produits de la PNL. Les outils et concepts thérapeutiques, tout comme les autres modèles, sont donc des résultats d'un niveau logique, différent de la PNL.

« Les outils et modèles thérapeutiques issus de la PNL présentent également une spécificité unique par rapport à toutes les autres approches thérapeutiques classiques. La PNL propose des outils d'intervention "Neuro-Logiques" autant que "Psycho-Logiques" (c'est la différence majeure qui existe entre une intervention modifiant des sous-modalités sensorielles par rapport à un recadrage de sens). Cette interface entre la neurologie et la psychologie est l'apport fondamental de la PNL.

« Il est donc tout à fait possible d'avoir des résultats thérapeutiques remarquables en utilisant l'attitude, les concepts et les outils issus de la PNL. »

L'hypnose dite ericksonienne est un des moyens d'obtenir des résultats, du moins selon certains praticiens.

Il importe donc de savoir de quoi il s'agit.

■ L'hypnose

C'est un sommeil provoqué par un traitement médicamenteux ou par une suggestion. On ne trouve pourtant pas, pendant l'hypnose, la réduction des fonctions comme pendant le sommeil. Le rythme de la respiration n'est pas modifié et l'activité mentale n'est pas réduite. Le sujet reste capable de se mouvoir et d'agir même spontanément. Il peut même comprendre ce qui lui est dit et parler.

Il existe plusieurs procédés par lesquels l'état d'hypnose peut être provoqué :

– la prise du regard ;
– la fixation d'un point brillant ;
– la compression des globes oculaires associée à des mouvements respiratoires lents et profonds.

Au cours de l'état d'hypnose, le sujet fait preuve de subordination et accepte passivement toutes sortes d'injonctions qu'il pourra exécuter après le réveil. Mais le degré de suggestibilité est très variable selon les sujets. Les caractéristiques de l'état hypnotique sont similaires à celles des états de somnambulisme observés au cours de l'hystérie. Un engourdissement avec suspension des fonctions psychomotrices a parfois été observé : c'est la catalepsie hypnotique.

À quoi peut-on attribuer la suggestibilité hypnotique ? Probablement à l'état de fatigue ou de faiblesse.

La multiplication des consciences qui caractérise les états seconds des hypnotiques n'est que le corollaire de cette pulvérisation de l'esprit dans les idées fixes qui peut annoncer la démence.

Dans certaines sectes, il existe des cas d'hypnose collective provoqués par des pratiques rituelles : psalmodies, balancements du tronc, fumées d'aromates, musiques à thèmes répétitifs.

Certains animaux pratiquent l'hypnose. On se doute bien que ce n'est pas dans de bonnes intentions pour leurs adversaires ! La preuve en est que l'état d'hypnose entraîne souvent leur mort.

Il faut bien avouer qu'il peut y avoir, dans l'hypnose, un but pervers dans lequel on retrouve l'appétit de puissance et de domination. C'est un des vieux rêves des hommes que d'avoir une emprise sur un ou plusieurs êtres. Dans la vie professionnelle à l'égard d'un chef, ou dans la vie commerciale envers un créancier, rien ne serait plus agréable que de contraindre son interlocuteur à une sorte d'amnésie ou simplement à accomplir mécaniquement le geste de gommer les dettes…

Rappelons que l'histoire de l'hypnotisme commence avec Mesmer qui publia, en 1779, un mémoire sur le magnétisme animal. Son baquet magnétique eut beaucoup de succès mais fut considéré comme une diablerie par bien des gens. Il est vrai que cette époque voyait la naissance des sociétés de pensée, ennemies feutrées de la religion chrétienne. Charcot (1825-1893) s'intéressa lui aussi à cette question de l'hypnotisme. Il crut distinguer trois états :

– léthargique ;
– cataleptique ;
– somnambulique.

Mais sa théorie et ses explications simplistes et réductionnistes sur certains troubles nerveux chez la femme ne sont plus considérées par les scientifiques comme très pertinentes. Sa bibliothèque était riche en traités de démonologie...

■ Hypnose et PNL

Le meilleur moyen de ne pas déformer ce qu'en pensent les praticiens est de leur céder la parole. Voici ce que déclare l'un d'eux, M. Stephen Gilligan :

« Je conçois l'hypnose comme l'une des traditions, développée au cours du temps, afin de devenir capable de structurer et d'utiliser la transe, et cela en se basant sur certaines présuppositions et certains intérêts naturels. Je vois la transe comme un mécanisme psychobiologique naturel qui se produit dans chaque système nerveux, alors que l'hypnose est l'une des traditions spécifiques vieille d'un peu plus de deux cents ans.

« La transe est un état psychobiologique dans lequel la manière normale de percevoir les choses, de les décrire, le rapport figure/fond habituel de l'expérience, sont dispersés et, d'une certaine manière totalement dissous. Une manière différente de traiter l'expérience émerge, au sein de laquelle le sujet et l'objet fusionnent.

« Il semble qu'il y ait un consensus quant aux concomitants phénoménologiques de l'hypnose et de la transe. Ils incluent des différences dans la perception du temps, des distorsions de l'espace. Les choses ont l'air plus grandes, plus petites...

« Je vois la transe comme se produisant dans la vie des patients en réponse aux blessures traumatiques et vois l'utilisation de l'hypnose comme un moyen par lequel quelqu'un peut, d'une manière éthique et psychologiquement utile, donner les moyens à ces événements de trouver leur espace et de permettre la transition de l'ancienne à la nouvelle identité. »

Il suffit de lire ce texte pour comprendre qu'il vaut décidément mieux laisser tout ce qui est thérapeutique à ceux dont c'est le métier : les médecins.

QUATRIÈME PARTIE

ANNEXES

Lexique des termes utilisés en PNL

Ancrage

Technique de la PNL par laquelle est établie une relation entre un élément stimulateur et un effet.

Le stimulus peut être de n'importe quelle nature. Ce peut être la présence d'un tiers à l'occasion d'une démarche délicate, ou un moyen matériel tel qu'un éclairage spécial à l'occasion d'un rendez-vous galant ou d'un interrogatoire dans les locaux de la police judiciaire.

L'ancrage peut utiliser une musique douce pour des massages sédatifs ou une musique triomphale avant l'arrivée à la tribune d'un homme politique. Mais il peut aussi bien se servir d'éléments immatériels tels qu'un souvenir ou l'habitude d'un rite. Le stimulus n'est donc pas nécessairement causé par une sensation externe ; il peut s'agir de sensations dites proprioceptives, c'est-à-dire concernant les sensations internes liées aux muscles, aux os, aux ligaments.

Ancre

Stimulus associé à telle ou telle réponse. Un parfum troublant ou évocateur est un exemple d'ancre.

Il existe des ancres dites négatives ou des ancres positives. L'ancre négative fait revivre ce que l'on désigne sous le nom d'état limitant. La traduction de cette expression est *stuck state*. Il y a l'idée de coller ou d'adhérence dans ces mots. L'état limitant est un ensemble de facteurs psychologiques qui inhibent ou qui voilent le jugement. C'est un obstacle à l'obtention d'un objectif. Une expérience fâcheuse est une ancre négative qui entretient un état limitant.

L'ancre positive sert à stabiliser et à retrouver un état de ressources. Cette expression barbare sert à désigner un état de conscience libérée de l'angoisse ou de la crainte. Imaginons un être meurtri par l'annonce d'une maladie grave. Le sujet sait que sa famille compte sur lui. Il cherche à dominer ses inquiétudes et exerce ses activités avec le même entrain qu'auparavant tout en espérant que la science médicale découvrira bientôt un remède à son mal. C'est un état de ressources. L'ancre positive, c'est l'état d'esprit du patient.

Auto-ancrage (self anchoring)

Technique qui consiste à se poser ou à s'imposer une ancre à soi-même. Le fait d'inventer des petits procédés mnémoniques pour retenir des principes de droit ou des théorèmes de mathématiques est un auto-ancrage. C'est une méthode qui peut être excellente pour tout développement de la personnalité.

Cadre (frame)

Ce mot désigne la ou les frontières de l'objet traité. Un conférencier qui vient pour faire un exposé sur l'assurance-maladie ne voudra pas déborder sur les problèmes de l'assurance-retraite malgré une question posée par l'un des auditeurs. Le mot cadre peut aussi désigner un ensemble de consignes données à une communauté pour préserver l'intérêt général.

Le cadre dit *as if* (comme si) est celui où l'on peut faire entrer toute hypothèse même celle qui paraît étrangère ou originale. Cette façon de penser est destinée à se libérer de ce que la psychologie désigne sous le nom de prégnance. Faire « comme si » est l'un des meilleurs moyens pour trouver des méthodes ou des procédés nouveaux. En somme, le cadre « comme si » est très souple et extensible. Il n'oppose pas une structure rigide à la pensée ou devant toute initiative. Dans le cas d'un objectif en PNL, il est aisé de voir à quel point le fait d'établir un cadre « comme si » peut aider à lever les obstacles.

Cadre commun (agreement frame)

Cadre qui permet de concilier des points de vue ou des intérêts apparemment contradictoires, soit pour nous-mêmes, soit pour plusieurs personnes. La vie de couple engendre souvent des conflits plus ou moins graves. Si l'un des deux protagonistes est attaché à la vie mondaine ou simplement aime visiter les expositions et aller fréquemment au spectacle tandis que l'autre recherche l'intimité avec de la lecture et de la musique, il est certain qu'il faut, tôt ou tard, trouver un compromis. Celui-ci est tout à fait accessible dès lors que les intérêts communs sont mis en relief. La PNL peut très bien mettre en évidence les éléments positifs revendiqués par chaque membre du couple et parvenir ainsi à l'harmonie des aspirations individuelles. S'il s'agit d'un but individuel bien précis, on peut dire qu'il s'agit d'un cadre objectif. Les Américains le désignent sous le nom d'*outcome-frame* ce qui implique le succès puisque *outcome* signifie résultat.

En d'autres termes, le simple fait d'avoir un objectif bien délimité dans notre esprit est une garantie de succès.

Cadre de blâme (blame frame)

To blame signifie, en anglais, accuser, reprocher. Ce cadre est un ensemble de dispositions d'esprit qui nous fait rejeter, sur les faits ou circonstances extérieurs, l'état de notre situation. Nous sommes tous enclins à penser de la sorte. Malheureusement, c'est à partir du moment où l'on n'a plus le sens de la responsabilité individuelle que l'on commence à devenir un *misfit*, c'est-à-dire un raté. Le simple fait d'attribuer tels de nos travers à l'éducation, tel échec à notre malchance ou à l'injustice ne nous fait pas progresser d'un pas. Certes, l'influence de notre milieu social, notre santé ou les circonstances historiques vécues contribuent puissamment à marquer notre personnalité. Il n'empêche qu'il est stérile d'en parler sans cesse. On n'a jamais totalement épuisé les moyens de se sortir d'une impasse. La PNL préconise le système qui consiste à se poser des questions à soi-même pour y parvenir.

Quel but poursuivez-vous ? Êtes-vous sûr d'avoir vraiment fait le tour de la question pour l'atteindre ? Est-ce l'argent ou la volonté qui vous manque ? Si c'est la volonté, pourquoi ne pas y remédier ? Ne connaissez-vous pas des personnes encore plus défavorisées que vous au départ qui ont réussi à obtenir ce que vous-même recherchez ?

Cadre de pertinence (relevancy frame)

On comprend tout de suite de quoi il s'agit si l'on connaît la traduction de *to be relevant*, c'est-à-dire être en rapport avec…

Le cadre de pertinence aide à délimiter les frontières des autres cadres afin de mettre en évidence les critères révélateurs de tel ou tel domaine. Pour parler le plus simplement possible, c'est un moyen pour savoir de quel domaine dépend telle ou telle question, et par là un cadre très efficace pour discipliner toute discussion ou tout dialogue.

L'animateur d'un cercle de retraités ayant à traiter des divertissements envisagés pour les adhérents recueille l'avis de chaque membre du bureau national. Si un intervenant soulève la question du montant de l'adhésion, il appartient à l'animateur d'écarter le problème puisque là n'est pas le sujet. Le cadre de pertinence est donc la discipline qu'il est indispensable d'observer pour éviter la confusion des idées et les réflexions qui dérivent dans tous les sens. En droit, on dit que les moyens pertinents admissibles sont ceux qui appartiennent au fond de la cause et qui cernent la question au plus près.

En revanche, du point de vue de la communication, les traits physiques des interlocuteurs ne seront pas pertinents.

Cadre de référence

La définition n'est pas nettement établie. Disons qu'il peut être considéré comme l'ensemble des cartes mentales utilisées par chacun de nous pour enregistrer les informations. Le cadre de référence interne a ses propres critères et suppute les divers éléments d'une situation avant de prendre une décision. Si un sujet veut utiliser les critères proposés par un autre, il utilise un cadre de référence externe. Autrement dit, le cadre de référence peut être un moyen de communication ou une méthode pour faire évoluer notre conduite.

Cadre de résumé (backtrack frame)

C'est en quelque sorte une figure de rhétorique assez proche de l'énumération qui consiste à décomposer un tout en ses diverses parties que l'on énonce successivement.

Le fait de reformuler les propos d'un proche, d'un ami ou même d'un client, est une façon d'établir un cadre de résumé. On comprend bien cette formule en traduisant l'expression américaine : *backtrack* signifie retour en arrière. Cette pratique du cadre de résumé est vieille comme le monde. Elle est utilisée par tous les enseignants – notamment ceux du primaire – et dans certains cas par les militaires. Il serait bien utile qu'elle le fût dans les rapports hiérarchiques car les directives de certains responsables sont passablement confuses ! L'expérience prouve que nous ne comprenons pas toujours ce que nos interlocuteurs ont voulu exprimer. Cette technique peut très bien être associée à la calibration, cette très importante observation des conduites des personnes que nous rencontrons occasionnellement ou régulièrement.

Cadre temporel (time frame)

Tout fait a lieu à un moment déterminé. C'est une évidence de nature. Le simple fait d'indiquer l'époque ou le moment précis au cours duquel s'est passé un événement est un cadre temporel. Mais l'expression désigne aussi une disposition de caractère. Avec la typologie caractérologique vous avez découvert que certains êtres sont très attachés à leur passé tandis que d'autres sont préoccupés par l'avenir. Les plus sages savent apprécier le présent, à supposer que celui-ci existe ! L'expression « cadre temporel » s'applique à chacun de ces tempéraments pour indiquer la tendance d'esprit.

Calibration

Elle permet de découvrir des rapports entre les perceptions sensorielles et le comportement de la personne qui fait l'objet de notre attention. Cette calibration est alimentée par les manifestations dues à nos sens.

La façon dont quelqu'un s'habille, l'ensemble de ses gestes et de ses mouvements, le parfum exhalé de ses vêtements ou de sa peau, la voix qui charme ou qui déplaît sont autant d'indices précieux pour apprécier le comportement. Ceci étant dit, il est important de ne jamais perdre de vue que tout individu peut être fort différent de ce qu'il paraît. C'est une observation faite depuis des temps immémoriaux. Elle figure dans les *Confessions* de Jean-Jacques Rousseau et dans des textes bien plus anciens, et les comportements inconscients ont été décrits par le moraliste français du XVIIe siècle, La Rochefoucauld.

Il n'est guère possible de porter des jugements de valeur sur des conduites, hormis celles qui troublent l'harmonie des rapports sociaux. L'examen des comportements n'a par ailleurs pas de lien avec celui des aptitudes et des dons.

Capacité

C'est un germe qui s'est développé. Nous avons d'abord des aptitudes que nous savons plus ou moins exploiter. Beaucoup d'entre elles restent à l'état d'embryon, soit par notre indolence ou notre manque de lucidité sur nous-mêmes, soit par suite de circonstances insurmontables. La capacité est un talent quelconque applicable à un domaine ou à un autre. Elle n'est pas toujours mesurable ni tangible. L'autorité naturelle d'un individu est un exemple de capacité non quantifiable. L'espèce de rayonnement qui se dégage des êtres dont toutes les pensées sont orientées vers le Bien est une capacité.

Disons enfin que la capacité est une puissance de faire ou d'être. C'est une faculté ou un pouvoir.

Chaîne générative

Un état interne limitant, ou *stuck state* (voir Ancre), peut se trouver en contradiction ou même en conflit avec un état interne qui tend à découvrir une solution pour le franchissement d'un obstacle. Le moyen qui peut servir de pont entre les deux est la chaîne générative.

Pour prendre un exemple dans l'enseignement, imaginez un professeur de mathématiques irrité par l'incompréhension ou l'indolence d'un élève à qui il fait savoir qu'il n'a aucune chance de réussir à son examen et que, de toute façon, il n'a pas le niveau requis. De retour chez lui, le professeur prend conscience de la dureté de ses paroles. Sans vouloir se désavouer lui-même trop tôt, il évite toute parole d'encouragement mais se promet de ne pas réitérer ce genre d'éclat à l'égard d'aucun de ses élèves.

Il en est de même dans les rapports de supérieur hiérarchique à subordonné. Celui qui détient un pouvoir en est comme prisonnier. Il est englué *(stuck)* dans sa fonction et ne peut se départir d'une certaine réserve au risque de perdre une partie de son autorité. S'il a conscience du fait qu'un pouvoir n'est légitime que s'il sert le bien commun, il pourra compenser son attitude par le souci d'appliquer l'équité en toute circonstance. C'est ce scrupule qui peut être considéré comme la chaîne générative, c'est-à-dire comme un lien aboutissant à quelque chose de constructif.

Changement génératif (generative change)

Traduire littéralement l'expression américaine aboutit à une expression qui n'a pas de sens.

Il s'agit ici d'une évolution constructive du comportement afin d'appliquer à des circonstances nouvelles l'enseignement tiré d'une situation particulière.

Chaque fois que nous devons atteindre un but bien précis, nous nous servons de certains moyens. Nos échecs peuvent provenir du fait que nous utilisons toujours les mêmes moyens pour parvenir à certains buts.

Prenons le cas de quelqu'un à qui l'on reproche ses manières cassantes et qui déplore de ne pas avoir d'amis. Sa femme lui demande de faire un jour l'expérience au sein de nouvelles connaissances et lui recommande de se montrer bienveillant et aimable. Au bout de quelques semaines, le sujet s'aperçoit qu'il est déjà plus recherché. Il se sent moins isolé. Il est moins amer. Mais il a fréquemment tendance à réitérer l'expression d'idées catégoriques et tranchantes et, chaque fois, il constate le même phénomène de rejet. Bien décidé à corriger ce travers social, il suit le conseil de sa femme et commence à élargir le champ de ses relations. Le changement est donc patent. Il l'étend désormais à chaque circonstance. Parti d'une observation particulière, il applique le changement partout où il passe.

123

Choix de la technique

Nous avons tous des états de conscience dont nous nous réjouissons ou que nous déplorons. Par exemple, nous nous sentons trop émotifs sans raison et nous voudrions acquérir un autre état. C'est l'état désiré. La comparaison entre l'état présent et l'état désiré est la condition du choix de la technique nous permettant de passer d'un état à l'autre. Il va de soi qu'un résultat positif ne peut être obtenu à partir de simples vœux dans le cas où l'on adopte la méthode des bonnes paroles pour qu'un sujet voit disparaître ses troubles. Il faut adapter les remèdes – qu'il s'agisse de recommandations ou de conseils – à la personne concernée : ne pas oublier son passé et les circonstances traversées, c'est-à-dire tenir le plus grand compte du cadre temporel (voir ce mot) ainsi que des points de vue respectifs de nos interlocuteurs.

Il s'y ajoute une composante importante dénommée processus fondamental de changement (voir ce mot) dont les aspects consistent soit à associer des attitudes, soit à combiner des opinions ou, au contraire, à s'en séparer, soit enfin à s'adapter à des points de vue.

En d'autres termes, la confrontation entre l'état présent et l'état désiré est destinée à dégager les ressources, c'est-à-dire un ensemble d'expériences personnelles tirées de soi-même ou du milieu.

Clés d'accès (accessing lines)

On désigne sous ce vocable les signes extérieurs manifestés par les sens, ce qui signifie signal ou réplique. Ils servent aussi bien à renseigner le partenaire d'un sujet que le sujet lui-même.

Nous savons combien le volume ou le ton de la voix peuvent être révélateurs de la vitalité et de l'entrain. Nous avons déjà évoqué le langage des yeux et l'observation que nous pouvons faire de la respiration. Cette dernière est immédiatement modifiée dans son rythme par une émotion, même causée par la joie. Et comment ne serions-nous pas renseignés par la seule attitude du corps ? Un port raide et distant est révélateur d'un état d'esprit. Une attitude désinvolte et un peu vulgaire l'est tout autant.

Ces comportements peuvent avoir une influence sur le sujet lui-même. Le fait de s'habituer à se tenir droit contribue certainement à fortifier la volonté. Maîtriser l'ampleur des gestes accentue la réserve. Modérer le débit de nos paroles permet peut-être une plus grande concentration de la pensée. Ces clés d'accès nous permettent de déceler les tactiques. L'habitude de leur observation laisse apparaître parfois des tentatives de dissimulation ou, au contraire, des élans d'amitié. Les clés d'accès kinesthésiques sont révélatrices à cet égard.

Combiner

Ce verbe est sans ambiguïté, contrairement à beaucoup d'autres expressions. Combiner, c'est disposer des éléments en vue d'une réussite. Ce verbe implique un certain ordre en vue de la réalisation d'un ensemble harmonieux. Il faut de l'intelligence pour y parvenir.

En PNL, combiner a le même sens mais appliqué à l'heureuse disposition de deux états internes destinés à en créer un troisième, différent des deux premiers. Ce troisième état n'est donc pas la somme des deux autres. Ce sont les deux autres qui l'ont engendré. Il peut donc y avoir quelque chose de commun aux trois éléments, mais le troisième est tout de même spécifique.

Un représentant de commerce ayant conscience de sa légère appréhension à chaque visite nouvelle auprès d'un chef d'entreprise s'était évertué à orienter son esprit vers un état de conscience confiant et cordial. Il s'aperçut vite que cette nouvelle disposition le rendait serein et calme, ce qui ne manquait pas d'être apprécié par son interlocuteur. C'est cette alliance contradictoire entre la crispation et l'intérêt pour autrui qui avait créé sa pondération.

Comportement (behavior)

Ce mot est très important en psychologie. Il désigne l'ensemble des attitudes et des actes, volontaires ou non, que l'on peut observer ou éventuellement mesurer.

Depuis toujours, les esprits de qualité ont remarqué que l'observation du comportement était loin de suffire à une compréhension totale de l'individu. Disons même que la conduite contredit parfois les mouvements de la conscience.

Mais dans les entreprises où l'on observe les personnels, il est bien certain qu'il faut se contenter des données perceptibles et qu'il est vain de se demander ce qui se passe réellement dans l'esprit et le cœur d'un individu. Le lecteur se souvient de la formule (p. 64) grâce à laquelle l'action réciproque du milieu sur l'individu crée justement le comportement. Il existe une sorte de covariance permanente entre l'environnement et nous. Il faut beaucoup de personnalité pour modifier le milieu dans lequel nous sommes et ce peut être un indice de passivité que de s'adapter à tous les milieux.

On peut isoler des macro-comportements tels que la posture du corps, le mouvement des yeux et le volume de la voix, les gestes, etc., c'est-à-dire tous ceux qui sont observables par tout le monde. Dès lors qu'il s'agit de signes imperceptibles, ou tout au moins difficilement observables sauf par un observateur averti et entraîné, on dit que ce sont des micro-comportements. Le tremblement léger des mains, l'accélération légère de la respiration, la brillance passagère d'un regard, sont des micro-comportements.

Le comportement externe est une des clés de la modélisation. Nous verrons plus loin le sens de ce mot. Retenons aussi que la congruence ou l'incongruence d'un interlocuteur est révélée par le comportement externe. Souvenons-nous que la congruence, en PNL, c'est la relation qui existe entre l'expérience vécue d'un individu, plus ou moins présente dans la conscience, et ce que traduisent ses rapports avec autrui. Le mot congruence est un terme de mathématiques qui implique une égalité entre deux figures. Il peut désigner aussi une famille de droites dépendant de deux éléments constants. On retrouve bien l'idée de dépendance et de relation.

Composantes structurelles des émotions
(components of emotions *ou* structures of emotions)

On ne peut rien comprendre à cette expression sans expliquer d'abord ce qu'est une émotion. Ce phénomène est général et il est la force vive de nos activités. Bien loin d'être un frein, il est le plus souvent un stimulant. Dans l'une des typologies humaines que nous étudierons au chapitre de la caractérologie, l'émotion occupe une place très importante. La stimulation de certaines zones du cerveau montre qu'il existe des circuits spécialisés dans la production des manifestations émotionnelles.

Une émotion est parfois révélée par des signes extérièurs observables tels que l'attitude ou les mimiques, mais pas toujours. L'émotion est souvent discrète et imperceptible. Mais quelle qu'en soit la nature, il est démontré que les messagers de l'émotion sont hormonaux, et tout le monde a entendu parler de l'adrénaline, des glucocorticoïdes et des endorphines. Les médecins sont en outre certains qu'il existe des liens entre le système nerveux central et le système immunitaire. Il n'est donc pas extravagant de penser que les émotions ou le stress influent sur nos moyens de défense contre les infections ou favorisent le développement de certaines maladies. Les psychologues disposent même de moyens de mesure des émotions chez les êtres humains basés sur les mimiques faciales, les postures et même la voix.

L'émotion est donc une manifestation physiologique essentielle chez les humains. Elle existe aussi chez les animaux, et particulièrement chez les mammifères.

Selon les maîtres praticiens de la PNL, on peut dénombrer huit composantes qui entrent dans la création et la permanence d'une émotion donnée. Il est admis que si une composante est modifiée, la nature de l'émotion l'est aussi. Ce sont :

– l'évaluation à partir de laquelle le sujet remarque ce qui satisfait ses critères (voir ce mot) ;

– les critères ;

– le cadre temporel (voir ce mot) ;

– les opérateurs modaux, c'est-à-dire des expressions qui introduisent une condition ou une supposition à partir d'une affirmation (exemple : Vous devez cesser de fumer ! réponse : Mais comment puis-je y arriver ?) ;

– l'engagement *(involvement)*, c'est-à-dire la volonté agissante du sujet. Veut-il oui ou non parvenir à son but ? *(involvement* signifie participation, ce qui éclaire aussitôt le sens de ce paramètre qu'est l'engagement) ;

– l'intensité de l'engagement ;

– la fréquence des occasions qui suscitent les émotions et, par conséquent, la fréquence des émotions elles-mêmes ;

– le découpage (voir ce mot), ou *chunk size* : *chunk* désigne un gros morceau de quelque chose, *size* la dimension et la taille. On retrouve ici le champ de conscience. Il s'agit tout simplement, non plus du découpage du temps, mais des concepts ou des directives.

Computation d'index

Traduire l'expression américaine *index computation* par computation d'index est à la portée de toute personne qui ne sait pas un traître mot de cette langue ! Voici ce dont il s'agit : certains êtres sont centrés sur eux-mêmes, nous en côtoyons tous les jours ; ils ne parlent que d'eux et n'ont pas le moindre intérêt pour les autres (groupe des *Self*). D'autres, en revanche, s'occupent beaucoup de leur prochain, mais pour les chapitrer et les encourager à les imiter ; c'est ce que la PNL dénomme les *Shift*. Ce mot signifie changement, modification, échange, c'est-à-dire que, pour eux, le choix du centre d'intérêt est déplacé. Une troisième catégorie appartient au groupe des Permutés, ce sont les *Switch* ; dans ce cas, le sujet s'inspire des autres et en devient dépendant par souci d'être en bonne intelligence avec tout le monde (le mot *switch* signifie revirement, transfert, échange). Il y a enfin ceux et celles qui concilient leurs intérêts avec ceux du voisin : lorsqu'un chef de service très ambitieux pense en même temps à la promotion de ses collaborateurs, ses choix – que la PNL désigne sous le nom de tris – sont simultanés.

À partir de ces exemples, il est maintenant loisible au lecteur de découvrir seul la signification de *index computation*. C'est un mode de sélection des informations à l'aide duquel nous orientons nos centres d'intérêt.

Contre-exemple (counter example)

On désigne sous ce mot l'un des moyens de faire remarquer à quelqu'un que son opinion sur un point est sujette à controverse et que l'expression contraire serait tout aussi juste. Le contre-exemple est applicable aussi bien à une idée qu'à une attitude. Lorsque nous reprochons à quelqu'un d'avoir toujours l'air maussade et renfermé et que nous en déduisons une indifférence à autrui, nous sommes très surpris d'apprendre que, dans d'autres circonstances et en d'autres milieux, le même personnage est ouvert et cordial.

Critères

La définition classique du critère, c'est le caractère décisif de la vérité applicable à tel ou tel domaine. Mais il s'agit là d'une définition bien abstraite. Le critère – pour chacun de nous – est avant tout un intérêt majeur présent dans une activité, en même temps qu'un choix très préférentiel aussi bien dans le domaine affectif que professionnel. Si nous donnons de l'importance à l'intimité de la vie familiale ou, au contraire, aux échanges extérieurs, nous avons des critères bien différents.

Cette question des critères a une importance considérable dans la vie pratique et elle peut être à la source de bien des injustices. Imaginons un responsable des Relations humaines tout imprégné de deux ou trois critères obsessionnels. Peut-on vraiment en attendre une stricte objectivité dans ses choix ? Il est très difficile de dépasser ses propres critères. Nous en avons pour toutes les circonstances. Va-t-on au cinéma ? Certains demandent un dialogue brillant. D'autres veulent de belles images. Quelques-uns attendent la scène érotique. Une autre catégorie veut un scénario original…

Dans le temps (in time)

Cette idée est très importante. Elle est en relation directe avec un chapitre de la caractérologie dont nous avons précédemment parlé.

Les praticiens de la PNL estiment qu'une organisation dite « dans le temps » est celle où tout ou partie de la ligne du temps (voir article page 142) – c'est-à-dire la représentation que telle personne se fait de l'écoulement du temps – se trouve en elle-même ou derrière elle.

Certains êtres vivent beaucoup dans le passé ou dans l'avenir. Pour d'autres, le présent est constant. En anticipant un peu sur ce que nous verrons bientôt, sachez que le simple fait de découper en tranches le temps qui s'écoule et d'être très ponctuel constitue un renseignement précieux sur les traits de caractère. Il y a des êtres qui tiennent beaucoup à avoir l'heure de l'horloge parlante et d'autres qui n'y pensent même pas. Il y a des hôtesses d'accueil qui peuvent être sollicitées en même temps par quatre personnes sans en être irritées et d'autres pour qui se sera insupportable. Il y a ceux qui écrivent une lettre délicate tout en écoutant de la musique et ceux dont chaque occupation ou attention doit être centrée sur le même objet sans aucune possibilité de dérive vers quelque chose d'autre. C'est ce que la caractérologie désigne sous le terme de champ de conscience.

Les personnes qui découpent le temps en tranches bien précises ont des difficultés à s'occuper simultanément de plusieurs choses.

Déclencheur (de trigger : gâchette)

Ce vocable ne désigne pas un objet particulier, mais plusieurs conditions nécessaires pour modifier un comportement ou stimuler une conduite.

Lorsque nous devons entreprendre un travail de longue haleine, comme par exemple la préparation d'un concours, il nous arrive d'être obligés de puiser la force nécessaire dans notre psychisme sous peine de renoncer à notre but.

Le déclencheur peut aussi désigner les conditions extérieures à notre volonté pour susciter une action ou une parole. Le passage du feu rouge au feu vert déclenche aussitôt un ensemble de gestes qui nous permettent de poursuivre notre chemin.

Lorsque nous rendons visite à quelqu'un, un simple geste de celui qui nous reçoit peut suffire à nous faire asseoir.

On voit que le mot déclencheur désigne un ensemble de facteurs qui provoquent une action ou une réaction.

Découpage (chunk size)

Nous avons vu que c'est un des paramètres – c'est-à-dire une donnée variable dont dépend la valeur de quelque chose – des émotions (voir Composantes structurelles des émotions). Cette idée est liée à l'ampleur du champ de conscience dont nous avons parlé et sur lequel nous reviendrons.

En PNL, il est d'usage d'opérer trois sortes de découpage qui ne sont rien d'autre que les opérations intellectuelles bien connues en philosophie : la déduction, l'induction et l'analogie.

La **déduction** est une méthode de raisonnement par laquelle on infère d'un principe ou d'une hypothèse les conséquences qui en découlent. On part donc du général pour aller au particulier ou, si l'on préfère, de l'abstrait au concret. Pour observer un phénomène électrique très banal, il est utile de connaître certaines formules. Les physiciens font grand usage de ce procédé pour comprendre le mouvement des infiniment petits ou celui des astres. Pour la PNL, la déduction est un découpage vers le bas. L'expression est compréhensible puisqu'il s'agit de partir d'une proposition générale pour aboutir à des faits concrets et particuliers.

L'**induction** est une manière de raisonner qui consiste à aller des effets vers la cause, c'est-à-dire du particulier au général. En d'autres termes, c'est une opération de l'esprit qui consiste à remonter de l'observation d'un certain nombre de réalités bien perceptibles vers une proposition générale. C'est une manière de raisonner dont il faut se méfier puisque l'on n'est jamais sûr d'avoir pu observer tous les cas possibles. Le découpage vers le bas ou déduction *(to chunk down)* consiste au contraire à partir d'une hypothèse ou d'un principe pour en vérifier la pertinence sur des faits.

Si l'on exprime une maxime telle que celle-ci : « Les querelles ne dureraient pas longtemps, si le tort n'était que d'un côté »[1], il nous est loisible de vérifier, par l'examen des dissensions entre peuples ou entre individus, si l'affirmation est exacte ou non. Si nous savons que la somme des angles d'un triangle vaut toujours 180°, rien ne nous empêche de le vérifier à l'aide d'un rapporteur chaque fois que nous voyons un angle.

1. La Rochefoucauld, *Maximes*.

En PNL, ce genre d'opération de l'esprit est appliqué à notre développement personnel et à une meilleure communication avec notre prochain.

On ne part pas nécessairement d'un principe mais d'une idée générale tonique.

Exemple : la volonté est-elle suffisante pour réussir dans une profession ?

Avez-vous le sentiment d'avoir réussi grâce à elle ? Ou bien n'avez-vous pas réussi bien que vous ayez beaucoup de volonté ? Dans ce cas, il faut descendre vers tous les exemples concrets que l'on peut trouver et en faire une synthèse – après leur analyse – pour voir si l'une des affirmations était juste ou non.

Le découpage vers le haut consiste à partir du simple vers le composé, c'est-à-dire des éléments qui composent un ensemble.

Lorsqu'un amiral anglais s'aperçut à plusieurs reprises que les marins qui consommaient des citrons n'étaient pas atteints du scorbut, il en tira un principe.

Lorsque le docteur Semmelweiss (sur qui L. F. Céline écrivit sa thèse), au XIXᵉ siècle, s'aperçut que les infections postopératoires étaient d'autant plus fréquentes que les praticiens négligeaient de se laver les mains avant et après les interventions, il en tira une conclusion générale sur l'hygiène.

L'adepte de la PNL peut découvrir qu'il a des insomnies et qu'il se sent « patraque » chaque fois qu'il absorbe un produit à base de lait le soir. La répétition de ce fait et divers témoignages recueillis le confirment dans cette conviction qu'un adulte doit éviter ce genre de nourriture avant le sommeil.

Quant à l'**analogie**, c'est ce que la PNL dénomme découpage latéral. Comme on ne peut comprendre cette signification sans savoir d'abord ce qu'est l'analogie, en voici la définition. L'analogie est un rapport de ressemblance entre plusieurs choses différentes. Raisonner par analogie, c'est formuler un raisonnement fondé sur les rapports de similitude constatés entre plusieurs choses. Inutile de dire que l'opération est très risquée si l'on a quelque rigueur de pensée. L'expression américaine est : *to chunk laterally* ou *sideways*, c'est-à-dire de côté.

Prenons l'exemple d'un organisateur de concerts. Il a mené un certain nombre d'expériences réussies à Paris dans la même salle et aux mêmes périodes de l'année. Il voudrait transposer les mêmes conditions dans de petites villes de province afin d'obtenir des résultats identiques. Il s'informera des succès ou des échecs d'autres organisateurs dans les villes choisies avant d'entreprendre les mêmes concerts qu'à Paris.

Lorsqu'un scélérat a réussi une escroquerie, il est très tenté d'établir en lui-même une comparaison pour renouveler son délit.

L'historien opère souvent ce genre de raisonnement. Il part de l'observation d'un événement passé et fait des rapprochements avec des faits actuels.

Les hommes politiques pratiquent souvent l'usage des comparaisons en parlant de données censées être similaires.

Le lecteur aura compris à quel point ce découpage latéral peut être à l'origine d'erreurs et de malhonnêteté, sans parler de résultats totalement erronés. Chacun de nous a tendance à vouloir retrouver des contextes semblables alors qu'ils sont différents. Nous invitons donc l'adepte de la PNL à une grande prudence avant de tirer des conclusions tranchées et définitives à partir des trois opérations de découpage.

Défi de pertinence (relevancy challenge)

Dans le mot *relevancy*, il y a une idée de rapport, de relation commune avec quelque chose. On dit qu'un défi de pertinence est relevé lorsque la question est posée de savoir si tel propos n'est pas étranger à une réflexion ou à une discussion.

Les interventions hors de propos sont très fréquentes. Elles peuvent parfois être volontaires pour celui qui veut changer de conversation, mais sont le plus souvent la conséquence d'une organisation défectueuse de la pensée. Lorsque nos professeurs mettaient « h.s. » en marge de nos copies – c'est-à-dire hors sujet –, ils faisaient un défi de pertinence.

Prenons un exemple : vous dites devant plusieurs personnes que la médecine a fait d'immenses progrès depuis quarante ans. L'un de vos interlocuteurs s'empresse de déclarer : « Les médecins gagnent beaucoup d'argent. » C'est un cas banal de digression. Outre qu'il s'agit d'une affirmation gratuite qui n'aurait de valeur que si la personne en question connaissait le montant moyen des revenus des médecins, cette réflexion n'a strictement aucun rapport avec la première.

Il n'empêche qu'il est très difficile de rester exactement dans le cadre qui nous occupe. Il l'est encore davantage de faire remarquer à un interlocuteur que ses propos s'éloignent du sujet. Prenons l'exemple des rapports commerciaux : si le client à qui l'agent commercial vient rendre visite tient des propos sans rapport avec l'objet de la visite, il est bien évident que le solliciteur devra affecter un intérêt poli et ne pourra en aucun cas faire remarquer au client que ce qu'il dit n'a rien à voir avec l'ensemble. Ce défi ne peut être relevé que dans des rapports hiérarchiques – dans le sens du supérieur au subordonné – ou dans le cas des rapports de force. Mais la langue française est assez riche de nuances pour que l'on puisse toujours replacer la conversation vers sa cible sans froisser personne. C'est en tout cas un bon test de maturité que de ne pas faire d'associations d'idées comme le font les enfants.

Descriptions doubles ou triples

Nous savons maintenant que chacun de nous possède un ou deux sens dont l'acuité est plus vive que celle des autres. Le lecteur se souvient de l'expression VAKO/G – visuel auditif kinesthésique olfactif gustatif. La double description vient de cette primauté d'un sens due à notre nature et aux circonstances vécues.

Si l'on entend une explosion, c'est évidemment le bruit que nous percevons en premier même si nous sommes visuels ou kinesthésiques. Mais en présence de quelqu'un, nous verrons d'abord sa façon de s'habiller ou entendrons plutôt le son de sa voix.

Ce que la PNL désigne sous le nom de triple description est celle qui résulte d'une description établie selon les témoignages de trois personnes ou bien à partir de trois systèmes sensoriels qui peuvent être différents ou identiques.

Direction filter

La pratique de la PNL nous fait réfléchir sur nos objectifs, c'est-à-dire ce vers quoi nous voulons aller. Il y a des buts lointains et difficiles. Ils peuvent concerner la religion, la morale, notre vie professionnelle ou nos divertissements, y compris les plus ordinaires.

En anglais, le mot *filter* désigne le filtre, mais aussi la flèche. C'est ce dernier sens qui nous intéresse ici. Lorsque nous exprimons une intention ou une préférence, cela signifie que nous voulons nous diriger vers une certaine direction ou bien nous en éloigner. Il est d'observation courante de voir que nous sommes toujours tentés de nous approcher de ce qui nous est agréable et de fuir ce qui nous déplaît. Plus nous aimons quelqu'un ou une chose et plus nous cherchons à avoir un contact avec eux, et même à nous unir à eux.

Cependant, le fait de s'éloigner de ce que nous n'aimons ni n'apprécions n'indique pas forcément le contraire exact de ce que nous aimons. Éviter de fréquenter quelqu'un n'est pas un indice d'aversion ou de dégoût. Ne pas avoir souvent envie d'aller au musée ne signifie pas que l'on déteste voir des tableaux. Par ailleurs, il est fréquent de savoir très bien ce dont on ne veut pas, sans savoir exactement ce que l'on veut. Ce serait déjà un gros atout pour les jeunes gens de savoir, dès l'âge de dix-huit ans, ce dont ils ne veulent pas en fait de métiers. Bien des couples n'auraient pas connu le drame de la rupture si chacun avait vu dès le départ le type de personnalité avec lequel il ne voulait pas vivre. On voit donc que cette fameuse flèche de direction, qui concerne nos objectifs lointains ou proches, joue un grand rôle dans la réalisation de nos buts.

Écologie

C'est l'étude des relations entre les êtres vivants et leur milieu physique et biologique. Les dictionnaires indiquent que ce mot vient du mot grec *oikos* signifiant habitation.

En PNL, il est convenu que l'écologie est l'observation des conditions objectives de l'environnement d'un individu, de son champ psychologique et de vie, ainsi que les moyens qu'il utilise pour parvenir à ses buts.

L'écologie interne du sujet relève de tout ce qu'il a reçu par hérédité et par son milieu social et familial.

L'écologie externe concerne les acquis de la personnalité ainsi que la vie professionnelle.

Une personne qui a un objectif PNL est amenée à se poser des questions afin de vérifier l'écologie dudit objectif. Par exemple :

– Ai-je la résistance physique et psychique pour faire ce métier ?

– Serai-je frustré toute ma vie si je ne l'exerce pas ?

– Garderai-je l'estime de mes proches si j'y renonce ?

– La garderai-je si je ne réussis pas après avoir essayé ?

En d'autres termes, le sujet restera-t-il équilibré et trouvera-t-il son épanouissement dans la réalisation de son but ?

Le praticien de PNL a donc pour tâche de faire préciser les inconvénients auxquels il s'expose si le but n'est pas atteint et les avantages qu'il recueillera s'il l'est. L'observation devra comprendre également l'entourage du sujet puisque l'équilibre de chacun dépend en partie de son adaptation réciproque avec son milieu.

On comprend maintenant l'utilisation du mot écologique en PNL, puisque cet adjectif désigne le respect des équilibres naturels. À quoi bon poursuivre un objectif qui détruirait notre propre équilibre, et pourquoi renoncerions-nous à l'atteindre si justement c'est la condition pour acquérir un équilibre ?

Empiler des ancres (to stock anchors)

Le lecteur se souvient que l'ancre est un stimulus spécifique associé à une réponse donnée. Les ancres sont liées aux sens.

Dire que l'on entasse des ancres signifie que l'on associe plusieurs états de ressources à une seule ancre.

Si l'on doit se présenter pour un entretien d'embauche, il convient de mettre tous les atouts de son côté. L'élégance discrète, l'usage d'un parfum de bon goût, une juste mesure dans les gestes et une attitude réservée sont des stimulus qui créent un état de ressources.

Empiler des ancres consiste à accroître en quantité et en qualité les états de conscience qui favorisent la poursuite et la réalisation d'un but.

Enchaîner des ancres (to chain anchors)

Cette opération est liée à la précédente mais dans un dessein d'immédiate efficacité. Il est possible en effet que les états de conscience voulus se contredisent. Si l'on décide d'être intraitable au cours d'une discussion tout en sachant qu'il faudra être souple, il peut y avoir un conflit interne préjudiciable.

Le fait d'enchaîner des ancres consiste à organiser son état de conscience intérieur de telle façon que le premier état ancré serve de stimulant à tous les autres.

Le goût de la rêverie, ou simplement l'art de vivre, peut être un obstacle au but poursuivi. Il importe donc de se placer dans un pré-état de ressources d'intérêt pour tout ce qui est tangible, afin de passer plus facilement à l'état désiré.

Épistémologie

C'est l'étude critique du développement des méthodes et des résultats des sciences. L'épistémologie est une philosophie de la science dont le but est d'en montrer la valeur ainsi que d'en garantir les vérités. Elle est en même temps une analyse de ses procédés.

En matière de PNL, le sens d'épistémologie est plus restreint. Il désigne l'étude des questions concernant la manière dont nous acquérons les connaissances. Nous avons pu voir que les sensations sont censées – selon certaines théories – être à l'origine de toute notre perception de l'environnement.

L'attitude d'incertitude de l'épistémologie selon la PNL n'est pas nouvelle. C'est tellement vrai que Montaigne, au XVIe siècle, disait déjà : « Que sais-je ? » pour bien montrer son scepticisme. Quant à l'impossibilité d'une connaissance certaine, elle était déjà contenue dans la philosophie pyrrhonienne dont le créateur vivait trois cent soixante-cinq ans avant Jésus-Christ !

Il est vrai que toute découverte n'est qu'une étape avant d'autres découvertes et que le savoir engendre à son tour un autre savoir. Il n'est pas moins certain qu'il existe des vérités intangibles et que deux et deux feront toujours quatre quel que soit l'univers dans lequel on se trouve.

État séparateur (break-state)

Le *break*, c'est la rupture ou simplement l'interruption. En PNL, ce mot désigne le moment neutre qui marque le passage entre un travail de changement et la nouvelle situation dans laquelle nous nous trouvons après ce changement. Il est entendu que ledit changement peut concerner tous les aspects de notre vie, qu'il s'agisse des activités professionnelles ou des rapports avec notre famille.

Cet état séparateur peut être ressenti entre le moment où l'on va entreprendre un stage de PNL et celui ou ceux à partir desquels notre état interne ressent les changements dus au stage.

Évaluation (comparison)

C'est une opération de l'esprit qui consiste à détecter dès l'abord ce qui satisfait nos critères (voir ce mot). Les praticiens de la PNL ont dégagé trois hypothèses. Celle qui satisfait nos critères : *the match* – c'est-à-dire le cas où les deux éléments sont bien assortis. Celle qui ne les satisfait pas, le *mis-match*, et enfin les deux simultanément. Ce dernier phénomène est désigné sous le mot d'évaluation.

L'hypothèse du *mis-match* est elle-même divisée en trois catégories :

a) la **réponse polaire** qui consiste à agir d'une façon diamétralement opposée à ce que l'on préconise ou attend. Le mot *polar* a été choisi parce que l'étoile Polaire est très éloignée de nous. Ce n'est d'ailleurs pas une étoile ;

b) le **contre-exemple** qui est une variante de l'esprit de contradiction ;

c) enfin, la **comparaison** qui porte sur ce à quoi nous prêtons attention, comme par exemple, les comportements externe et interne, l'aspect quantitatif ou qualitatif, etc.

Événement (event)

Est considéré comme tel par les praticiens de la PNL toute chose extérieure dont nous avons la perception, ainsi que toute sensation ou tout sentiment.

L'éclairage dont nous disposons dans un bureau, les meubles

qui nous entourent, les états de conscience que nous ressentons, les sentiments que nous éprouvons sont des événements. Le plus étrange, c'est que ces perceptions désordonnées et sans lien entre elles provoquent à leur tour des pensées disparates et sans rapport direct avec tout ce qui nous entoure ou tout ce qui traverse notre esprit.

Excellence

Ce mot désigne le niveau auquel il est possible de parvenir tant du point de vue des capacités que des qualités de l'esprit et du cœur. La PNL vise à l'excellence en matière de communication, ce qui implique de la part du sujet une vision claire de ses objectifs.

C'est à Platon que l'on attribue cette maxime : « Il n'y a pas de vents favorables pour celui qui ne connaît pas son port. » Quoi de plus juste ?

Mais ce n'est pas suffisant. Cette lucidité et cette volonté simple ne peuvent être mises en œuvre qu'à plusieurs conditions :

a) adopter une attitude souple à l'égard des individus et en présence des faits ;

b) maintenir l'intérêt pour tout ce qui peut accroître nos connaissances ;

c) faire l'unité en soi afin que la conduite soit bien le reflet de nos états de conscience.

Filtres (filters)

Ce mot désigne les modes opératoires grâce auxquels nous absorbons et assimilons les informations reçues par l'intermédiaire de nos sens. Dès l'instant où nous recevons les données venues de l'extérieur, nous choisissons certaines d'entre elles et ignorons les autres. Nous en déformons quelques-unes et nous tirons ou non un enseignement à partir de quelques autres après leur avoir attribué certaines caractéristiques.

Nous voyons arriver un visiteur dans notre bureau. La secrétaire l'a vu également. Nous attribuons, aussitôt après l'entretien, quelques adjectifs à cet homme, en fonction de ce que nous avons observé. En interrogeant la secrétaire, nous découvrons qu'elle a retenu et choisi de tout autres caractéristiques sur son attitude et sa personnalité. Ce sont nos filtres personnels.

Il va de soi que ces passoires de la perception sont fortement imprégnées par notre niveau d'instruction et les circonstances personnelles que nous avons connues. Quels que soient les efforts que nous faisons pour être impartial, tous nos jugements sont influencés par nos croyances et par nos origines sociales. Et nous ne disons rien de notre hérédité, tant il est difficile de démêler ce qui vient des gènes de ce qui a l'acquis du milieu pour cause !

Identité

Lorsqu'une personne de niveau social très modeste se dit artésienne en parlant de ses origines, ou lorsqu'un homme aime à dire : « Nous autres, médecins… », tous deux sont fiers de leur identité ! Nous aimons tous être quelque chose à défaut d'être quelqu'un. Nous voulons avoir un patrimoine, ne serait-ce qu'un nom, un prénom et une adresse même si nous ne possédons plus rien. Dieu lui-même a donné un nom au premier homme et à la première femme. C'est pourquoi la disposition légale de la « mort civile » abolie au XIXe siècle était terrible, puisque l'individu coupable perdait jusqu'à son identité.

Avoir une identité, c'est avoir conscience de ce que l'on est et de ce que l'on veut. Être désigné par un qualificatif, même peu flatteur, est quelquefois préféré à l'indifférence totale.

Incongruence

Bien que nous ayons déjà eu l'occasion de parler de ce mot, il est utile d'y revenir tant la question est importante.

À ce niveau d'étude de la PNL, le lecteur a compris que l'équilibre d'un individu résulte principalement de l'accord entre ses pensées, ses paroles, ses actes et donc, sa conduite. Si l'expression verbale est en disparité avec la pensée et si l'attitude ne correspond en rien à la situation dans laquelle nous nous trouvons, il y a incongruence.

Imaginez qu'un homme fasse des reproches véhéments à une femme tandis qu'il la caresse, n'aura-t-elle pas le sentiment d'avoir affaire à quelqu'un de bizarre ?

Et que dire des tortionnaires qui prennent un ton doux et mielleux avant de torturer leurs victimes ?

L'incongruence, c'est la disparité entre le contenu d'une communication et le contexte dans lequel elle a lieu, c'est la dysharmonie entre les gestes et les paroles ou entre la pensée et l'intonation de la voix.

Il est d'ailleurs très possible de créer des effets comiques à base d'incongruence, il suffit d'adopter, par exemple, un ton furieux pour exprimer des propos affectueux !

La PNL a dégagé au moins deux sortes d'incongruence :

a) l'**incongruence simultanée** : c'est celle qui consiste à créer, volontairement ou non, une ambiguïté entre ce que l'on pense et ce que l'on dit, ou entre une attitude et un état de conscience.

Lorsqu'un pince-sans-rire un peu cynique ou amer se laisse aller à des réflexions assez comiques alors que lui-même reste impassible voire presque triste, il y a une incongruence ;

b) l'**incongruence séquentielle** : encore une expression bien pédante pour décrire une situation simple et fréquente. Il arrive en effet que nous exprimions une idée pour la contredire par une autre, peu de temps après. Il se peut aussi que la contradiction soit inscrite dans nos conduites et que nous refusions de le reconnaître.

Nous retrouvons bien ici l'incohérence et le manque d'unité, unité si difficile à réaliser et pourtant indispensable si l'on veut être efficace, ou au moins à l'aise dans sa peau.

La PNL s'efforce de faire prendre conscience à ses adeptes de cet état de conscience car ce n'est pas un signe de bonne santé mentale de parler de notre vécu de façon incohérente et insincère. Ce n'est pas un indice favorable d'être incapable d'une conviction nette et claire et encore moins de chercher à la dissimuler.

Inférence (inference)

Le lecteur se souvient de l'utilisation que nous avons fait du verbe inférer, qui est synonyme de déduire, tirer des conclusions. Le mot inférence a la même origine, mais en PNL, son acception s'éloigne quelque peu de l'idée de déduction.

L'inférence est une sorte de supposition ou de conclusion que nous tirons d'un fait en l'interprétant de façon plus ou moins favorable ou plus ou moins perverse.

Lorsque nous assistons à un phénomène quelconque, nous en percevons des manifestations et nous en prenons conscience par l'intermédiaire de nos sens. C'est une observation. En PNL, l'inférence est une décision prise à partir de ce que signifient les observations. Il y a évidemment autant d'inférences que de phénomènes. Mais ces inférences n'ont pas du tout la nature des déductions d'ordre scientifique ou simplement rationnel. Elles résultent de notre caractère, notre humeur, nos préjugés et nos convictions. Qui ne se livre, plusieurs fois par jour, à ce genre de déductions plus ou moins fondées sur des idées toutes faites ou sur des sentiments qui ressemblent à des instincts ?

Ligne du temps

Il existe une catégorie d'êtres qui ne voient pas le temps s'écouler et d'autres qui sont obsédés par sa fuite. « Ô temps ! suspends ton vol… » disait Lamartine. Lorsque vous aurez un aperçu d'une certaine typologie américaine, vous prendrez connaissance d'un type de personnages comme harcelés par la fuite des jours. Voici donc encore une discipline à acquérir à l'aide de la PNL : la maîtrise de la durée. Si l'on veut être efficace et ne pas se sentir haletant devant l'urgence ou l'ampleur d'une tâche à exécuter, il ne faut pas être esclave du temps. Il y a des moyens simples pour y parvenir :

– agir comme si l'on n'était pas pressé ;

– ne jamais être tendu et crispé devant la besogne ;

– être bien persuadé que la précipitation ne nous fait pas abattre plus de travail que le calme.

Macro-comportement (macro-behaviour)

C'est l'ensemble de nos manifestations extérieures telles que les gestes, la voix, la respiration, dont tout témoin a conscience sans observation soutenue.

Lorsque telle ou telle expression de notre comportement est tendue vers un but précis, il s'agit de macro-stratégie pour celui qui reçoit le message.

Marquer analogiquement (to mark out analogically)

Il s'agit d'une mise en relief d'expressions verbales à l'aide de moyens non verbaux. Lorsqu'une institutrice veut évoquer une des *Lettres de mon moulin* d'Alphonse Daudet, elle use d'artifices pour ne pas sombrer dans l'abstrait qui est inaccessible à de jeunes enfants. Elle doit se servir de gestes ou de certaines intonations pour faire revivre l'histoire contée par l'écrivain.

Lorsqu'un artiste lyrique chante *La Vieille Maison grise* de Fortunio, les auditeurs la trouveront d'autant plus présente que le chanteur introduira dans ses inflexions toute la mélancolie contenue dans la mélodie.

Ce que la PNL désigne sous l'expression « marquer analogiquement », c'est l'acte qui consiste à se servir d'une manifestation kinesthésique ou de l'un de nos sens pour mieux se mettre dans la peau du personnage que l'on est censé incarner par analogie.

Méta-communication

Méta signifie au-delà. Il s'agit donc d'une communication qui dépasse le premier but apparent. Si l'on veut, c'est une expression, verbale le plus souvent, destinée à faire comprendre une vérité ou une hypothèse qui n'est pas évidente.

Micro-comportement (Voir *Macro-comportement*)

Nous venons de le voir, l'ensemble des mouvements très apparents de toute personne est désigné sous le vocable de macro-comportement. Macro signifie grand, gros ou même difforme en grec ancien. Un animal macrocéphale a une grosse tête. Micro a le sens contraire de petit, réduit, minuscule. Si l'on parle de micro-comportement, on désigne les mouvements imperceptibles des attitudes ou de la conduite.

Un tremblement des mains ou de la voix, une mobilité extrême du regard ou, au contraire, sa fixité, sont autant de micro-comportements qui peuvent échapper à l'observation. Les médecins sont rompus à l'examen de ces infimes signes. Ils savent très bien qu'ils peuvent être encore plus révélateurs que ceux du macro-comportement.

En matière de PNL, l'intérêt de cette observation consiste dans la recherche des causes de ces manifestations et, plus encore, dans la compréhension de leur mécanisme. Ce n'est certes pas un simple intérêt intellectuel qui nous guide, mais une volonté de prévenir des effets parfois invisibles.

Mission

Ce mot est très connu et il est d'ailleurs très dévoyé puisqu'il est utilisé à tort et à travers pour désigner la tâche la plus banale. Dans les ministères ou dans les établissements publics, on trouve un certain nombre de chargés de mission et l'on découvre assez vite qu'il s'agit d'un bien grand mot pour peu de chose.

Une mission est une tâche d'ordre spirituel, moral ou professionnel dont on connaît les moyens. Une mission peut être appliquée à nous-même. Nous pouvons, par exemple, décider de donner partout l'exemple du contrôle de soi-même lorsque le surcroît de travail surmène nos collègues ou nos collaborateurs. On peut se donner pour mission de défendre la langue française en toute circonstance. Un homme politique peut croire qu'il est investi d'une mission par ses partisans afin d'obtenir une amélioration dans tel ou tel domaine de l'économie, par exemple.

Il y a donc dans ce mot un contenu idéologique et une idée de responsabilité pour celui qui s'est imposé une mission ou pour celui à qui elle a été confiée.

Modèle

Bien que le sens de ce mot soit bien connu, il est utile de le préciser de nouveau et de voir la nuance que lui imprime la PNL.

Le modèle, c'est ce qui sert d'invitation. C'est l'objet ou la personne dont s'inspire le créateur, c'est aussi celui ou celle qui possède des caractéristiques si parfaites qu'il est convenu de s'en inspirer. On parle de ferme modèle, d'école modèle.

La PNL a pour usage de colorer ce mot de deux acceptions différentes.

Le modèle peut être la représentation d'un système ou d'un processus. Il peut être aussi ce système et ce processus lui-même.

Autrement dit, la PNL est un modèle, puisqu'elle préconise un ensemble de techniques, mais elle contient elle-même des modèles.

Modèle de changement (change model)

Dès lors qu'il s'agit d'obtenir un résultat sur soi-même ou sur quelqu'un d'autre, la PNL estime qu'il s'agit d'un modèle. Mais le choix de ce mot ne signifie pas qu'il soit applicable en toute circonstance identique.

Le modèle peut en inspirer d'autres. L'important, c'est d'obtenir l'adhésion des intéressés. Quelqu'un a conscience de ne pas savoir se faire des amis ou des relations : c'est son état présent. Il veut y remédier. La pratique de la PNL ne lui donnera aucune recette miraculeuse pour y parvenir, mais l'aidera à lui faire découvrir les moyens d'atteindre l'état désiré.

Modèle des parties (parts model)

Entendez ici le mot parties dans le sens qu'il a dans les contrats ! Dans le cas qui nous occupe, il ne peut s'agir que de personnes physiques. Dans une tractation commerciale triangulaire – comme c'est le cas dans les contrats de travail temporaire –, il y a l'entreprise utilisatrice, le salarié et la société de travail temporaire qui l'envoie en mission. Si la commission que cette dernière demande à l'entreprise utilisatrice est trop élevée, une discussion peut naître. Mais l'employeur qui a un besoin urgent de ce salarié accepte finalement les conditions de la société de travail temporaire.

En revanche, cette dernière fait une nouvelle proposition pour les futurs besoins en accordant un rabais de commission sous réserve d'une fidélité dans les demandes.

C'est ce que la PNL désigne sous le nom de modèle des parties. C'est une recherche de solutions équitables en présence d'un différent ou d'un simple conflit d'intérêts.

Modélisation (modeling)

En PNL, ce mot est des plus importants. La modélisation est une procédure qui permet de reproduire un moule, un patron, reconnus comme dignes d'être imités et qui servent à inspirer le comportement des autres.

La modélisation a valeur d'exemplarité. Les grands auteurs dénombrent trois catégories de modélisation :

1. **L'isomorphique** : ce mot signifie qu'il y a identification de formes. Lorsqu'un instituteur demande à certains élèves d'imiter la conduite du meilleur, il fait de la modélisation iso-morphique. Si un maître de ballet invite les petits rats à adopter les mêmes gestes, les mêmes attitudes que ceux de la danseuse étoile, il fait de la modélisation isomorphique. Elle peut prendre n'importe quel aspect y compris celui des traits de caractère.

2. **La modélisation théorique** (*theoretic modeling*) : chacun se souvient des formes canoniques de certaines expressions algébriques à partir desquelles nous pouvions effectuer divers calculs. Ce peut être l'acquisition d'un savoir-faire.

3. **La modélisation générative** (*generative modeling*) : elle consiste non pas à remettre en cause la compétence d'un expert – qui sert de modèle ou dispose de modèles – mais à inventer de nouveaux modèles après avoir observé les manques, les failles ou le poids d'une certaine routine chez l'expert.

Mouvements des yeux (eye accessing patterns)

Il s'agit ici d'une donnée de la morphologie de la face. Les détracteurs de cette discipline émettent bien rapidement des points de vue négatifs à ce sujet. Il serait plus pertinent de remarquer que :

– les personnes atteintes d'une tare physique ou mentale ont un visage où l'on remarque des anomalies. Il suffit d'être en présence d'une personne trisomique pour le comprendre : la forme du front, le faciès aplati sont caractéristiques d'un certain déficit intellectuel ;

– nos états de conscience se traduisent toujours par des expressions du visage souvent très parlantes.

En matière de PNL, il a été observé que nous plaçons nos

yeux dans des positions diverses selon la nature des renseignements que nous cherchons ou des souvenirs que nous évoquons.

Si nous plaçons nos yeux vers le haut à droite, nous évoquons un souvenir ou faisons appel à notre mémoire. Vers le haut à gauche, nous cherchons une idée créatrice. Si les yeux se portent de côté et à droite, le souvenir est d'ordre auditif. À gauche et toujours latéralement, le cerveau invente des sons. Il suffit de regarder les compositeurs et les improvisateurs ! En bas et à droite, le sujet est livré à sa méditation. Nous avons déjà parlé de cette question dans le chapitre « Comment observer l'autre » mais il était utile d'y revenir.

Objectif

La pratique de la PNL n'est pas un jeu destiné à satisfaire des aspirations intellectuelles ou à acquérir un pouvoir sur autrui. Il existe des divertissements dont l'objet est borné à eux-mêmes. Pratiquer la musique ou lire un livre ne sont pas nécessairement des buts. Qu'un chef d'entreprise s'évertue à faire évoluer l'atmosphère de sa société afin de réduire au minimum les démissions est un objectif. Jouer au tennis n'en est pas forcément un.

Le lecteur se souvient de notre citation de Platon aux termes de laquelle la connaissance de notre objectif est la condition *sine qua non* de notre réussite. Il est logique qu'il en soit de même pour la PNL.

Encore faut-il que le but poursuivi contienne les conditions du succès. On peut en dénombrer au moins trois :

– être conforme à la nature et aux capacités du sujet. Il va de soi qu'il ne faut pas espérer devenir acrobate en commençant les exercices à cinquante ans ;

– être empreint d'une certaine dose de sagesse. Vouloir être bilingue anglais dans les six mois sans savoir un seul mot dans l'instant présent est une douce folie ;

– être suffisamment stimulant. Il convient en effet de ne pas chercher à s'imposer un but trop contraignant et de veiller à ce que la réalisation du but aboutisse à un résultat valorisant et positif.

La PNL distingue deux sous-groupes d'objectifs :

– l'**objectif de fin**, qui n'est pas seulement l'échec ou le succès, mais la motivation de l'action. L'objectif dit de fin est celui qui nécessite un effort long et persévérant. Ce n'est pas un but à court terme. À l'âge de vingt-cinq ans, on peut très bien avoir envie de passer ses vieux jours dans une vaste gentilhommière, éloignée de toute agglomération. Si ce projet habite l'esprit d'une personne sans fortune, il est certain qu'il ne pourra être réalisé qu'à long terme. Mais ce projet, qui peut paraître chimérique, contribuera peut-être à ce que son auteur cherche à réunir toutes les conditions pour y parvenir ;

– l'**objectif de moyen** (*means goal*) : c'est celui qui consiste à se procurer les outils nécessaires à l'atteinte de l'objectif à long terme. Savoir recueillir les moyens du succès, c'est déjà la voie de la réussite. Vouloir les méconnaître est un manque de réalisme. C'est pourquoi la condition de sagesse et de bon sens peut être considérée comme un objectif de moyen. Vouloir préparer un concours difficile en ne renonçant pas aux divertissements de toutes sortes, c'est se priver d'un des objectifs de moyen. Vouloir accroître la production d'une usine sans moderniser le parc des machines, c'est encore se priver d'un objectif de moyen et donc compromettre l'objectif final.

Opération

To operate signifie, en anglais, faire fonctionner. C'est à ce sens qu'il convient de penser pour bien comprendre le mot opération. Il désigne un mouvement du corps ou une activité de l'esprit destiné à faire disparaître la disparité entre un état présent et un état désiré.

L'opération résulte de la force de notre psychisme. Le jour où nous nous sentons comme rouillés et indolents alors que nous avons grand besoin d'être en forme physique et intellectuelle en raison de la conférence que nous devons donner le jour même, nous nous astreignons à une marche intensive en forêt pour nous oxygéner : c'est une opération.

Le mot peut tout aussi bien être utilisé si nous décidons d'acquérir les connaissances qui nous font défaut.

Paradoxe

Chacun sait que c'est une proposition contraire à l'opinion commune et qui heurte les idées généralement admises. Un paradoxe peut être amusant. Il peut contenir une idée juste. Dans son travail sur le comédien, Diderot soutient qu'il est très possible, et même souhaitable, de très bien dire un texte sans éprouver la moindre sensibilité et sans trop le comprendre.

Un paradoxe peut aussi n'être qu'un point de vue très faux. Si l'on dit : « La crise de l'université résulte du trop grand nombre d'étudiants », c'est une affirmation qui paraîtra paradoxale à la plupart d'entre eux mais elle peut être très juste. Si tel dirigeant politique incite les familles à avoir plus d'enfants pour retrouver la prospérité, il est hors de doute que cette recommandation paraîtra paradoxale à tous ceux qui estiment dramatique la prolifération de l'espèce humaine.

Point de la décision (decision point)

Anticipons un instant sur ce que la PNL dénomme la stratégie. Celle-ci est une suite de comportements externes ou internes en vue d'atteindre un objectif. Le point de la décision est une des étapes de la stratégie. Si cette étape est congruente avec les autres données, il est possible de passer à un autre point. Nous voulons dire que c'est cette parité entre tous les éléments d'un ensemble qui permet d'avancer et de maintenir la même nature de stratégie.

Prenons un exemple banal de la vie courante : nous voulons obtenir un remboursement fiscal car nous estimons avoir été victime d'une erreur. Nous adressons un courrier dans lequel aucune preuve – donc fondée sur des textes – ne figure. Nous nous heurtons donc à un refus de la part de l'administration. Le point de la décision nous invite à modifier notre stratégie. Nous demandons à un conseiller fiscal de nous aider.

Position en retrait, ou position basse (one-down position)

Il s'agit ici de l'attitude que l'on peut prendre par rapport à quelqu'un d'autre, soit par habileté, soit par goût de la dépendance, soit par servilité ou enfin parce qu'il est impossible d'agir autrement. Certains excellents auteurs tels que Bernard

Hevin et Jane Turner traduisent *one-down position* par position basse. Il convient de ne pas y voir d'idée d'infériorité. Quoi qu'il en soit, c'est une situation dans laquelle chacun de nous s'est trouvé ou se trouvera. Certains êtres s'y complaisent.

Beaucoup n'aiment pas les responsabilités. Ils en demandent quand ils n'en ont pas et les fuient quand on les leur propose. Il suffit d'avoir vécu longtemps dans les entreprises pour le savoir. Tout le monde n'aime pas prendre des décisions et encore moins des risques. Il est parfois agréable que d'autres en prennent à notre place.

La position basse résulte d'une subordination physique, intellectuelle, sociale ou hiérarchique. Bien entendu, il est parfois possible de l'éviter. Mais cette attitude peut être faite de rébellion systématique à propos de tout et de rien et n'être qu'artificielle et stérile. Vouloir avoir toujours le dernier mot et n'accepter aucun recul d'aucune sorte relève plus de la pathologie du cerveau que de la richesse de la personnalité. Il est souvent utile de se laisser guider ou conduire, quitte à agir de même à l'égard de quelqu'un d'autre. Les enfants et les adolescents qui refusent – à la suite de diverses influences – tout rapport de dépendance ne peuvent acquérir ni connaissances ni sens social.

Position haute (one-up position)

Rassurez-vous, nous ne la définirons pas comme le contraire de la suivante ! Il y a quelques années, on entendait définir le *software* de l'informatique comme le contraire du *hardware* !

La position haute consiste à posséder ou à adopter une attitude de supériorité par rapport à quelqu'un. Il est bien entendu que cette volonté ne correspond pas nécessairement à un surcroît de mérite ou de capacités. Il est même très fréquent que les hiérarchies sociales n'impliquent pas du tout une réalité dans les différences de valeurs. Bien entendu, certaines personnes sont plus compétentes que d'autres. N'en déplaise aux adeptes de l'égalitarisme, nous n'avons pas tous le même niveau ni la même forme d'intelligence, sans parler des qualités de cœur.

Il arrive que l'état de supériorité soit justifié. Parfois, il ne l'est pas du tout. Mais certains êtres de grand mérite sont incapables d'avoir les attitudes qui les mettraient en valeur et d'autres, fort médiocres, savent admirablement s'imposer. Ainsi va la vie. Il est même fréquent qu'il en soit ainsi. Les personnes supérieures – y compris pour la modestie – ne veulent ni ne savent montrer leur valeur.

En d'autres termes, la position haute – comme la basse – résulte de faits et de réalités, ou bien de la personnalité et du caractère des protagonistes.

Principes (NLP presuppositions)

Il s'agit ici de ce que certains auteurs désignent sous le nom de présupposés, comme nous l'avons vu au début du chapitre « Les principes de la PNL ». Ces principes sont les suivants, dans l'état actuel des recherches en PNL :

1. L'homme étant un animal social, il ne peut pas ne pas avoir de relation avec les autres.

2. La source principale de nos connaissances vient des perceptions sensorielles.

3. Notre conduite est orientée vers des buts définis et fondée sur des intentions positives.

4. Nos actions sont fonction de notre représentation du monde.

5. Nous avons la capacité d'accroître l'efficacité de tout processus ou de tout système.

6. En présence de plusieurs choix, nous optons pour le plus conforme à notre nature.

7. L'expérience acquise et notre caractère nous fournissent les ressources dont nous avons besoin.

Processus de changement

Que nous cherchions à modifier notre comportement ou à combattre la « pensée magique » – si nous avons tendance à nous y fier –, ou encore que nous nous efforcions de vaincre un travers social ou moral en nous-mêmes, nous faisons appel successivement à diverses opérations. Celles-ci consistent le plus souvent à :
- retrancher ou ajouter quelque chose ;
- séparer ;
- ajuster avec cohérence ou harmonie ;
- faire un choix ;
- réduire à néant.

L'opération de séparation peut consister à bien distinguer nos préférences d'une observation rationnelle lorsqu'il s'agit d'apprécier les mérites ou les travers d'un individu. Le fait de veiller à ce que nos attitudes correspondent à nos paroles est un ajustement. L'acte qui consiste à combattre une irrésolution naturelle consiste à faire un choix. Essayer de détruire en nous la tendance à la médisance, c'est annihiler ce penchant. Ajouter une espérance tenace à toutes nos entreprises, c'est ajouter une plus-value à notre état de ressources, etc.

Protocole

En matière de psychologie, c'est l'énoncé des conditions dans lesquelles une expérience se déroule. En PNL, c'est un ou plusieurs procédés destinés à atteindre une cible. Utiliser un protocole consiste à utiliser des techniques et à respecter des principes.

Rapport

Il s'agit ici du degré de confiance et de compréhension mutuelle entre une ou plusieurs personnes. Il va de soi qu'il ne peut s'agir d'une confrontation et encore moins d'un affrontement. Les échanges verbaux se font dans une atmosphère de clarté. Il importe peu qu'il y ait une communion totale d'opinions ou une parité de nature. Nous voulons dire qu'un rapport peut être excellent et fructueux entre des personnes d'âges ou de formations intellectuelles différents. L'essentiel réside dans le respect mutuel, c'est-à-dire finalement dans l'acceptation des divergences et des différences.

L'acception que donne la PNL de ce mot de rapport implique une qualité dans la relation tenue pour indispensable aussi bien dans les activités professionnelles que dans la vie familiale ou conjugale. Entre un médecin et son patient, le rapport n'est-il pas vicié dès lors qu'il y a mensonge ? Entre un fournisseur et son client, quelle peut être la qualité de la relation s'il y a tromperie sur la marchandise ?

Recadrage (reframing)

Ce mot est si important dans le vocabulaire de la PNL que nous n'hésitons pas à le définir de nouveau. En anglais, *frame*, c'est la charpente, le châssis, la structure. Mais comme le mot porte le préfixe *re*, il y a une idée de renouvellement.

Il s'agit donc de redonner un encadrement à un processus ou, en d'autres termes, à remettre en cause ou au moins à repenser une situation dans une nouvelle optique.

En PNL, le recadrage, c'est le procédé ou la technique qui consiste à rechercher et à appliquer tout ce qui peut aboutir à un résultat fructueux.

Nous avons déjà noté qu'il existe plusieurs sortes de recadrages :
– celui des circonstances, ou recadrage dit de contexte. Il peut impliquer une modification dans l'expression verbale. Dire de tel collaborateur qu'il est agité et brouillon mérite peut-être un recadrage ;
– le recadrage de processus, destiné à opérer une analyse critique des moyens mis en œuvre pour atteindre un objectif ;
– le recadrage dit de sens, dont l'objet est de transformer la vision ou l'interprétation d'un fait ou d'une attitude.

Recherche des souvenirs sensoriels

Nous avons déjà évoqué le phénomène que nous connaissons tous et qui consiste à retrouver des informations enfoncées dans notre mémoire et associées à des perceptions sensorielles. Nous pouvons rechercher l'odeur des biscottes grillées et du chocolat de notre enfance. Nous pouvons essayer de retrouver nos attitudes, notre façon de nous vêtir quand nous avions dix-huit ans, ou encore pourquoi nous n'aimions pas jouer avec tel ou tel camarade.

Il est probable que cette force d'évocation est plus intense chez les créateurs tels que les romanciers ou, d'une façon générale, chez les artistes. La sensation n'est-elle pas souvent chez eux la fonction psychique dominante ?

Regroupement des renseignements

Il n'est pas possible d'aider quelqu'un à passer de l'état présent à l'état désiré sans être amplement informé de sa culture, de ses croyances, convictions, craintes et espérances. Comment peut-on aider un sujet sans connaître ses buts ?

Bien entendu, le rôle de la calibration est ici essentiel : il est important d'observer les attitudes et les mimiques du sujet à mesure qu'il se confie et chacun se souvient que la calibration est appliquée à tous les registres sensoriels.

Relation binaire

Ce mot désigne l'ensemble des échanges liés à des occupations différentes mais concourant à un but commun. Le cas typique se rencontre partout dans l'entreprise, à tous les niveaux hiérarchiques. Le directeur général d'une société travaille de concert avec le directeur du marketing. Leurs tâches sont très différentes mais ces deux personnages poursuivent une finalité commune. S'ils mettent leurs capacités en harmonie, on dit que la relation est féconde ou constructive.

Mais supposons que chaque protagoniste se livre à une action très divergente de celle de l'autre, nous serions en présence d'un conflit ouvert ou larvé qui engendrerait chez chacun un sentiment de frustration ou de rébellion très préjudiciable à l'intérêt commun.

Un rapport de subordination n'est pas contraire à l'intérêt général dans l'exacte mesure où le subordonné n'est pas secrètement hostile à sa dépendance et où le supérieur ne cherche pas à écraser la personnalité de son inférieur.

Dans une relation entre fournisseur et client, la subordination existe de fait même si elle ne repose sur aucune base légale. Là encore, cette dépendance n'a aucune importance si chaque partenaire comprend et admet volontiers que la défense d'intérêts particuliers ne compromet pas l'intérêt général de l'entreprise.

Relation symétrique

Elle se dit d'un échange conflictuel ou compétitif entre deux personnes. Nous avons vu que certains êtres ont tendance à en imiter d'autres. Ce peut être le cas dans les relations dites symétriques dans lesquelles l'émulation joue un rôle important.

Ce type de relations se rencontre fréquemment dans la vie en entreprise ou dans la vie politique. Il n'est pas rare qu'un candidat à une élection adopte les allures ou les méthodes de son adversaire. En revanche, on ne voit guère Monsieur ou Madame X chercher à égaler Monsieur ou Madame Y de grande valeur morale. Les relations symétriques ont pour caractéristiques de montrer un besoin de puissance ou d'assouvissement d'une envie.

Lorsque deux entreprises concurrentes cherchent à conquérir un marché, elles rivalisent de générosité à l'égard des clients ou cherchent à attirer le personnel de l'entreprise adverse. C'est une relation symétrique. Ce type d'échanges peut très bien exister dans un couple, dans la mesure où chacun s'efforce d'avoir le comportement qui convient le mieux à l'autre et tient le plus grand compte d'éventuels reproches.

Stratégie

Dans le langage courant, ce mot désigne l'art de coordonner un ensemble de forces destinées à atteindre un but. En PNL, il s'agit plutôt d'une tranche de nos comportements externes.

La base des stratégies est le modèle dit *Test operate Test exit*.

On distingue deux sortes de stratégies :

1. Celle dite **de conviction**, qui est un « méta-programme » par lequel un sujet veut être sûr de la réalité d'un fait, même contre certaines évidences. C'est le cas en matière de crédulité politique.

2. Celle dite **de réalité** grâce à laquelle un sujet saura distinguer la fiction de la vérité. On peut dire que cette stratégie de réalité fait défaut dans certaines maladies mentales, ou simplement qu'elle n'existe pas dans le cerveau des jeunes enfants.

Synchronisation

En PNL, on désigne sous ce nom le fait d'adopter de notre interlocuteur, soit :
– les mêmes gestes et attitudes ;
– les mêmes mots ;
– les mêmes registres sensoriels.

Inutile de dire que ce mimétisme doit rester discret si l'on ne veut pas être ridicule. Qu'une relative harmonie entre deux attitudes soit un facteur d'entente et de compréhension est une évidence. Mais il est facile d'imaginer quel serait l'état d'esprit d'un client si son fournisseur reproduisait servilement ses gestes et son langage ! Car enfin, imaginons qu'un homme bégaie et que celui qui l'écoute se mette à l'imiter. Comment ne pas en deviner les conséquences plutôt fâcheuses ?

Ceci étant dit, il est évident qu'il ne faut pas être affalé sur sa chaise si notre visiteur est assis de façon raide. Il n'est pas plus opportun d'avoir un langage vulgaire en présence de celui dont le langage est châtié. La nécessité d'une synchronisation est évidente à condition de ne pas confondre la lettre et l'esprit. Dans la vie commune et intime, il est important que les partenaires n'aient pas une conduite asynchrone, c'est-à-dire à l'opposé de la synchronisation. En d'autres termes, il faut s'efforcer de faire les choses en même temps que l'autre. Se lever quand le visiteur se lève, ne pas éclater de rire si l'on entend un propos grave ou triste et ne pas crier en présence d'un malade qui gémit.

Il convient donc d'assortir *(matching)* nos comportements à ceux que nous approchons.

Système de représentation (representational system)

D'une façon générale, c'est l'ensemble des représentations internes d'origine sensorielle exprimées par le langage (les prédicats). Nous avons vu que le choix des mots est révélateur d'une primauté de tel ou tel sens : après avoir été reçu par un personnage chargé de recruter du personnel, tel candidat aura remarqué la couleur de la cravate (visuel) ; un autre se souviendra de la poignée de main (kinesthésique) ; le troisième aura reconnu une eau de toilette (olfactif).

Test

Toute intervention en PNL est destinée à obtenir des résultats. Les tests servent à les vérifier. Dans le cas où l'intervention se déroule en plusieurs étapes, il est indispensable d'appliquer le test avant de passer à la phase suivante.

Il est d'usage de distinguer deux sortes de tests : ceux qui relèvent de la technique – comme, par exemple, l'ancrage – et ceux du travail, afin de vérifier l'ensemble de l'intervention.

Comparer l'état présent avec l'état désiré, c'est établir un test.

Transposition (translation)

Chacun de nous a un langage différent pour exprimer son système de représentations (voir ce mot). Il peut en résulter une difficulté de communication. En présence d'un édifice pittoresque, un couple peut très bien mettre en relief des beautés d'une nature très différente. Lorsque tous deux reviennent chez eux et évoquent les aspects de leur voyage, ils sont surpris de constater qu'ils n'ont pas gardé les mêmes souvenirs. C'est pourquoi les praticiens de la PNL s'efforcent d'établir une sorte de passerelle en traduisant l'expérience de l'un dans le langage de l'autre.

Tri

Nous avons abondamment évoqué la primauté d'un ou de plusieurs de nos sens sur les autres. Dès que nous pénétrons dans un lieu de réunion, nous sommes frappés, soit par les couleurs, soit par les sons, soit par les odeurs, mais aussi par une partie des éléments qui constituent notre environnement. L'un verra d'abord les lieux, l'autre sera attiré par les personnes, le troisième par les objets. Enfin, une quatrième n'aura d'intérêt que pour l'objet de la réunion, ses causes et ses conséquences.

On parle de *primary sort*, c'est-à-dire de premier tri, lorsqu'il s'agit de savoir ce qui a tout d'abord frappé le sujet.

Il va de soi que personne ne s'intéresse exclusivement à l'un des éléments. Ce n'est qu'une dominante mais elle est révélatrice de notre personnalité. Certains êtres voient toujours les mêmes choses, au risque de passer à côté de bien des richesses humaines, artistiques ou intellectuelles. C'est pourquoi la PNL a été bien avisée de créer un procédé qui aide le sujet à s'affranchir de toujours opérer les mêmes choix.

Il serait bon de faire participer à ce travail certains responsables d'entreprises pour les habituer à jeter leur regard sur les aspects positifs de certains collaborateurs peu considérés et sur les attitudes d'autres dont seules les qualités sont mises en relief.

Vérification écologique

Lorsqu'une personne cherche à obtenir une modification de sa propre conduite ou de celle de quelqu'un d'autre, elle passe par différentes phases. C'est cette opération que l'on désigne sous le nom de vérification écologique.

Vision

L'un des attributs de l'intelligence – quelle que soit sa forme – est la faculté d'anticipation. Notre intelligence prévoit ce que nous allons faire dans huit jours ou dans un an. L'intelligence commence à s'éveiller dès que l'on peut distinguer hier de demain.

Pourrait-on dire de quelqu'un qu'il est intelligent s'il est d'une imprévoyance totale ?

En PNL, la vision consiste donc à se représenter une mission – c'est-à-dire un but et les moyens pour y parvenir – à partir des influences sensorielles ressenties à l'intérieur du corps.

Ce qui permet à la vision d'être construite, c'est l'association des sensations kinesthésiques avec les représentations mentales.

Conclusion

Nous voici arrivés au bout de la route. Le lecteur a compris que les principes de la PNL contiennent des vérités découvertes depuis la nuit des temps, mais présentées sous une nouvelle forme tout en inspirant le rejet de la pensée grecque et chrétienne. Les créateurs de la PNL veulent que l'on abandonne Aristote parce que sa pensée a imprégné saint Thomas d'Aquin, créateur de la doctrine catholique.

Si chacun de nous améliore ses rapports avec les autres et utilise au mieux ses aptitudes en vue de sa réussite grâce à ce modeste ouvrage, notre but aura été atteint.

Adresses utiles

Voici une liste d'adresses utiles où vous pouvez écrire ou téléphoner pour obtenir des informations sur la PNL, ou pour commencer un stage.

NLPNL (Association française des certifiés en Programmation neurolinguistique
8, rue du Faubourg Poissonnière
75010 Paris
Tél. : 01 69 45 06 06

Organismes agréés par la NLPNL

ACANTHE
12, place Jean Bureau
77100 Meaux
Tél. : 01 60 44 26 44

ACCEDER
3-5, impasse du Tan
77100 Meaux
Tél. : 01 64 33 87 41

ACCORDS
99, rue Moricelly
84200 Carpentras
Tél. : 04 90 60 29 29

AWEN § Partenaires
9, rue de Placenn Ar Guer
22300 Lannion
Tél. : 02 96 48 06 06

BELKASSAN Malika
23, rue des Blancs Manteaux
75004 Paris
Tél. : 01 42 77 27 33

CAPNL (Centre d'Application de la PNL)
BP 8424
Rue du Petit Albi
95806 Cergy Pontoise Cédex
Tél. : 01 30 38 89 00

EPNL (L'École de PNL)
26, rue d'Artois
75008 Paris
Tél. : 01 30 42 34 13

FORSYFA (Formation Système Famille)
63, rue Amiral du Chaffaut
44100 Nantes
Tél. : 02 40 73 41 93

IFPNL (Institut français de Programmation neurolinguistique)
21, rue Sébastien Mercier
75015 Paris
Tél. : 01 45 75 30 15

NLP SANS FRONTIÈRES
12, rue Victor Hugo
78230 Le Pecq
Tél. : 01 39 73 89 24

REPÈRE
78, avenue du Général Michel Bizot
75012 Paris
Tél. : 01 43 46 00 16

Savoir Faire PNL
9, route du Chaillaud
17260 Saint-André-de-Lidon
Tél. : 05 46 90 01 05

SILLAGES
90, rue des Archives
75001 Paris
Tél. : 01 48 04 96 16

SYNERGIE
Absl - rue Defacqz, 73/23
1060 Bruxelles
Tél. : 00 32 2 538 72 32

Bibliographie

BANDLER R. et GRINDER J., *The Structure of Magic*, Science and Behaviour Books, Palo Alto

BERGER G., *L'analyse du caractère*, PUF

CUDICIO C., *Comprendre la PNL*, Les Éditions d'Organisation, 1986.

CUDICIO C., *Maîtriser l'art de la PNL*, Les Éditions d'Organisation, 1988.

FÈVRE L. et SOTO G., *Le Guide du praticien en PNL*, Chronique Sociale, 1996.

LA BRUYÈRE, *Œuvres complètes*, Gallimard, La Pléiade, 1978.

LA ROCHEFOUCAULD, *Maximes*, Gallimard, La Pléiade, 1935.

LE SENNE R., *Traité de caractérologie*, PUF, 1989.

ROGERS C., *Le Développement de la personne*, Dunod, 1988.

Table des matières

DEUXIÈME PARTIE :
LE CHAMP D'APPLICATION DE LA PNL

TROISIÈME PARTIE :
CLASSIFICATION DES APTITUDES
ET DES TRAITS DE CARACTÈRE

QUATRIÈME PARTIE :
ANNEXES

Achevé d' imprimer en juillet 2005
à Milan, Italie,
sur les presses de Lito 3 Arti Grafiche s.r.l.

Dépôt légal : juillet 2005
Numéro d' éditeur : 9267